SIGN

サイン

Break away from the past,
Reincarnate,
Stick to one's beliefs.

EXILE ATSUSHI

幻冬舎

サイン

Contents

プロローグ　――2020年2月26日

2020年2月26日、EXILE大阪公演の4日目のことだった。

僕は開演の約4時間前、午後2時前に京セラドーム大阪の楽屋に入った。

ライブ4日目ともなれば、リハーサルにそれほど時間はかからない。3時スタートで約1時間もやれば早々と終わる予定だった。4時に開場し、それから2時間かけてお客さんを入れて、6時に開演という段取りだ。

2時の時点でメンバーはまだ揃っていなかった。

最近はわりと早めに会場入りして、ゆっくりと準備をするのがルーティンとなっていたから、すでに僕は楽屋にいたけれど、4日目ともなればリハーサル時間のギリギリに会場に入るメンバーもいる。

全員が揃っていないのに、今いるメンバーだけにでも連絡事項があるという。

みんなそわそわしていた。

なんの話があるのかは、集まった誰もがわかっていたと思う。

その日の昼過ぎに緊急記者会見があって、首相が各種イベントの2週間自粛を要請していた。新型コロナウイルスの感染拡大を防ぐという理由だった。

予想はしていたけれど、実際にライブを中止するという決定を聞いたときは、なんとも言えない気持ちになった。

9年前の3月11日を思い出した。

あの日、僕は『ミュージックステーション』に出演するため、テレビ朝日の地下の楽屋にいた。

いきなりドンとものすごい揺れがきて、テレビをつけたらどこの局も地震の速報を流していた。

しばらくして、マネージャーが楽屋に来て告げた。

「今日の生放送は中止になりました」

そう聞いたときの感覚とよく似ていた。

「ああ、これ、普通のことじゃないな。ちょっとやばいんじゃないの?」

言葉にすればそういうことなんだけれど、その「普通じゃない」とか「やばい」という感じが、ほんとうに普通じゃないレベルだった。

あたりまえの日常に、非日常が入り込んできた奇妙な非現実感とでも言えばいいか。

ミュージックステーションの生放送が中止になることと同じくらい、ドームのコンサートを公演当日に中止するのは、僕たちにとってとんでもない異常事態だ。

起きるはずのない異常事態の中に自分がいるという奇妙な感覚、まるで映画か何かの中に紛れ込んでしまったかのような……。


午後2時半頃、公演中止の発表があって、その場に集まったメンバーの間で、自分たちに何かできることはないかという話になった。何週間も何ヶ月も前から、今日という日を待ちわびていた何万何千人というお客さんたちにライブの中止を告げるのは、胸がしめつけられるような、なんとも言えない気持ちになった。

その気持ちは、そこにいた全員が同じだったと思う。

けれど、その先の考えがひとつにまとまらなかった。

日本国内でも感染が広まり始めていた新型コロナウイルスがどういうもので、どんな風にして人から人へと広がっていくのか。

何をすれば感染の拡大を防げるのか、あるいは何をしてはいけないのか。

僕がこの原稿を書いている今現在も完全に解明されたとは言えない状況だけど、あの時点では、たとえばマスクをした方がいいのかどうかというごく基本的なことさえ、誰もよくわかっていなかった。

だからいろいろな意見があるのが当然で、誰が悪いという話ではない。

僕はシンプルに考えて、とにかく配信ライブだけでもやれないかと提案した。こんなときだから、メンバーそれぞれのインスタアカウントを使えばいい。それだけでもかなりの数のファンの方々に、僕たちの気持ちを伝えることができるだろうから。

しかし意見がまとまらない。最終的には慎重論で話がまとまって、もう少し状況を見ようということになった。

僕もその結論を一度は飲み込んだ。

ライブを中止にしたタイミングで、ＳＮＳ上とはいえＥＸＩＬＥのライブ映像を流すことが、社会にどんなインパクトを与えるかは未知数だ。万が一にでも社会にネガティブな影響を与えることにならないよう、とりあえずは静観するという意見にも一理はあると思ったからだ。

それで楽屋に戻っていたら、人が訪ねてきた。

ライブを取材していたカメラマンで、それまであまり話したことはなかったのだけれど、いつになく熱い口調で「話を聞かせてほしい」と言う。

インスタでもなんでも使えるものは使って、できるだけファンの皆さんにメッセージを届けたいという僕の気持ちに、彼は共感すると言った。

冷静なつもりでいたけれど、僕も神経が高ぶっていたのだと思う。

彼の言葉を聞いて、身体《からだ》がグワッと熱くなるのを感じた。

「そうだよな」と、強く思った。

堪《こら》えていたダムが決壊したみたいに。

その瞬間、なぜか涙があふれて止まらなくなった。

これは、なんの涙だ？　そう思ったときに、思いもあふれた。

「俺、めっちゃ今まで我慢してたよな」と……。


誰かを悪者にしたり、誰かに不満をぶつけたりするつもりはない。

自分だけがいい子になるつもりもなければ、インスタライブがあの時点でのベストな選択だったと言うつもりもない。

もしもあの日インスタライブができていたら、ファンの方たちの多くはきっと喜んでくださっただろうとは思う。

未知のウイルスが広がって世界中のライブイベントが中止になったという、まるでＳＦ映画みたいな出来事とともに、記憶に残るもうひとつの「ＥＸＩＬＥの伝説のライブ」として、ファンの間で長く語り継がれることになった可能性だってある。

けれど仮にそうだったとしても、あの日インスタライブをするべきだった、とは言い切れない。

あの時点でメンバーの誰か、あるいはスタッフの誰かがすでに感染している可能性だってゼロではなかった。ひとつのステージにＥＸＩＬＥ十五人とバンドのメンバー六人が一緒に乗っていいのかという問題もあった。

そしてまた、あの時期に僕らがそういうことをするのが、社会にどんな影響を及ぼすかということも考えなきゃいけなかった。

ＥＸＩＬＥのこと、ファンの皆さんのこと、さらには世の中への影響を考えて、それぞれの立場から最善と思う意見を出しあって、その中のひとつのアイデアとして僕は配信ライブをやりたいと思ったというだけの話だ。

誰が正しくて、誰が間違っているという話ではない。

ただ、この数年ずっと、僕はＥＸＩＬＥの中で、自分の気持ちを押さえつけていたことに気がついてしまった。

こうしたいという思いがあっても、それをあまり表に出さないようにしていた。

なぜなのかは、正直言って自分でもよくわからない。

ＥＸＩＬＥが誕生したとき僕は最年少のメンバーで、だから第一章の時代は、みんなの弟分的な立ち位置だった。

それが今や最年長組であり、最後のＥＸＩＬＥオリジナルメンバーになってしまった。

もしかしたら、そのことは少し関係があるかもしれない。

末っ子で甘えていた僕が、いつの間にかＥＸＩＬＥの長男的なポジションにいて。

自分がこうしたいという思いよりも、メンバーの総意を優先しようと、心のどこかでいつも意識していたんだと思う。

それに慣れて、ＥＸＩＬＥとしての意見と自分の思いにギャップがあっても、その隙間に僕自身の感情は持ち込まないようにしていた。

いつの間にか、自分の気持ちを抑えるのが普通になっていたのだ。

だから「配信ライブをやりたい」という僕の意見が採用されなくても、なんと言えばいいか、自分を納得させることはできた。

もしもあそこであのカメラマンが楽屋に来なかったら、僕はきっとあのままホテルに帰って、夜はどこかで酒でも飲んで、翌朝に普通に東京に帰っていたと思う。

自分のほんとうの気持ちを押し殺していることにさえ気づかないまま……。

インスタでもなんでもいいから、とにかくファンの皆さんに、今日の日を待ちわびていた何万人というファンの皆さんに、僕らの思いを伝えたい。

ＥＸＩＬＥとして……。

ＥＸＩＬＥなら、そうすべきだ。

何回も言うけれど、そうすべきだという僕の考えが正しかったかどうかはわからない。だけど、とにかく僕には、そうしたいという気持ちがあった。

そうと気づいて、僕の身体は熱くなった。

キザな言葉を使えば、〝ＥＸＩＬＥ魂〟を思い出したような感覚になった。


「俺はやっぱりインスタライブをやった方がいいと思う。会社としてじゃなく、ＥＸＩＬＥとして、今日のライブを楽しみにしてくださっていたお客さんにメッセージを届けたい」

言い回しはもう忘れてしまったけれど、そういう意味のことを僕は訴えた。

たとえ僕一人でもステージに立つくらいの勢いだった。

あとで冷静になったときに、ＥＸＩＬＥのライブが中止になったんだから、ＥＸＩＬＥ全員でステージに立たなきゃ意味ないな、と思ったのは憶《おぼ》えている。

それからもちろん、バンドがいてくれないとできない。さらに無観客のインスタライブであろうと、ライブをする限りは音響や照明のスタッフさんにも協力してもらわなきゃいけないわけで、それがなければ、いくら僕が一人でもやると言い張っても意味はない。

楽屋でATSUSHIが混乱して涙を流していると聞いて、我が愛するキャプテン（言わずと知れたバンドリーダー佐野健二さん）が、これはただ事ではないと僕のところへ飛んできてくれた。

そして、事情を理解した彼は、すぐにスタッフの人たちに話をしにいってくれた。バンドはもちろん、音響さんも照明さんもみんなOKしてくれたという。

それならできそうだとなったところに、いよいよギリギリの時間になってTAKAHIROが入ってきた。

そのTAKAHIROを見るなり、僕はいきなり言った。

「ごめん、TAKAHIRO。俺どうしてもやりたいんだ」

僕が涙ながらに訴えるので、TAKAHIROは驚いたみたいだ。

状況が飲み込めていない上に、僕が涙を流していたものだから「アツシさん、なんかあったんですか？」みたいな。

けれど説明すると、TAKAHIROはすぐに理解してくれた。

「あ、わかりました。やりましょうよ！」

結論を言えば、あの日インスタライブが行われることはなかった。

突然の公演中止からその数時間後に、十分な配信環境を整えるにはあらゆる面で時間がなさ過ぎた。

その結果は別として、あのとき僕が興奮して感情的になっていたのは事実だ。

けれど、それは悪いことじゃないと思う。

逆に僕はこのところ、ＥＸＩＬＥというものに対して大人になり過ぎていたんじゃないか。

他のみんなから少し退《ひ》いた立ち位置で、全体を冷静に見ようと努めていた。個人の意見はソロの活動時に活《い》かせばいい。しかし、だからといって、ＥＸＩＬＥとして魂のこもったものを届ける努力をしないというのは話が違う。

年長者として常に冷静であるべきと思う反面、その分、僕は情熱を失っていたんじゃないかとも思う。

ＥＸＩＬＥにとって大切なときには、熱くなって自分の気持ちをみんなにぶつけるくらいのことをしてもいいんじゃないか。そういうときがあってもいい。

そしてあの非常時こそ、そうすべきときだった。

実際にやるかやらないかは別として、インスタライブをやりたいという僕の思いだけはみんなに話しておかなきゃいけないと思った。

互いに自分の考えや思いをぶつけあって、議論して、みんなで自分たちがどうするかを決める。それがEXILEのやり方であるべきだからだ。

だから、あそこでみんなに自分の思いを熱心に語ったことを後悔してはいない。


あの日、どんなことがあったかを話しておきたくて、この話を書いたわけだけれど、書いた理由はもうひとつある。

サインの話だ。

色紙に書くサインではない。

「前兆」とか「虫の知らせ」とか、目には見えないけれど、明確な意志を持った何かからのメッセージというか……。聖書でいうところの「お告げ」ならば、たぶんその送り手は「神様」ってことなんだろう。

僕はクリスチャンではないけれど、もしも神様を信じているかどうかをはかる天秤《てんびん》にかけられたら、たぶん信じる方に微妙に傾くんじゃないかと思う。

それが何かはわからないけど、僕らを見守ったり導いたりしている創造主が、どこかにいるかもしれないという気はしている。

それは音楽の神様かもしれないし、自然の意思かもしれない。あるいは、ことによったら、僕の遠い昔のご先祖様の導きかもしれない。

とにかくそういう目に見えない〝何か〟、あるのかないのか確かめようのない〝何か〟の存在を僕は強く感じることがあって、それがつまり、神様みたいな何者かからのサインなんじゃないかと思ったりすることが少なくない。

あの2月26日の出来事も、ある意味、僕へのサインだったのではないか、と。

あの日、普段あまり話したことのないカメラマンが僕の楽屋にやってきて、熱い質問をぶつけてきた。

それはもちろん、ただの偶然だ。

あのライブを取材しに来ていた一人のカメラマンが、たまたま僕の話を聞いて、何かを感じて、その真意を知りたくなって、僕の楽屋を訪ねてきた。

たまたまそういうことがあった、というだけの話だ。

けれど、その偶然であるはずの小さな出来事が、あとからよく考えてみれば、僕の人生にとっては大きな意味を持っていた。

まるでどこかの誰かが、僕のためにその出来事を用意したんじゃないかというくらいに。

「何かを気づきなさい」という僕へのサインなんじゃないか——？

ふと、そう思った。

そういうサインに、僕は今までの人生の中でも何度か出会っている。

その話を、これから皆さんに、こっそり打ち明けたい。

そうすれば、僕の行動の意味を、皆さんに理解していただけるかもしれないから。

目を閉じて、自然の声を感じとる。

目に見えない〝何か〟に、あるのかないのか確かめようのない〝何か〟に、じっと神経を集中させてみる。

なぜ、僕がそうするのか。

そうすることを選んだのか——。


2020年の4月30日、僕は40歳になった。

デビューしてちょうど20年目の年だ。

その年に、未知のウイルスが世界を席巻《せっけん》し、僕は人生の大きな決断を迫られ、ひとつの答えを出した。

考えてみれば、不思議な巡りあわせだ。

けれどそのことは、ずっと前から決められていたんじゃないか。

オカルティックな話をするつもりはないけれど、ごく自然な気持ちとして、そうなんじゃないかなあと思う。

そういえば、あれもひとつのサインだったんじゃないか、と……。

第一章　魂と仮面

変化

僕は歌い手であり、歌を唄うのが仕事だと思っている。

それでも、やはりただ歌うだけでは済まされない。

カッコよく言えば、夢を売る職業でもある。チケットの代金に見合うだけの、いやそれ以上の感動や喜びを与えるのが僕の仕事なのだ。

それを、ただの若者がやり始めたわけで、だからこそ、少なくとも最初の頃はかなり無理して背伸びもしていた。

それこそ夢を壊すみたいな話だから、ほんとうはこんなことを書くべきではないのかもしれないけれど、そういう風にしてATSUSHIは生まれた。

そのATSUSHIというアーティストを、佐藤篤志《さとうあつし》という元々の僕が、ちょっと離れた場所から観察していたりする。

我ながら厄介な性分だと思うけれど、だからこそ自分が何者であるかということについて、僕は普通の人よりも考える機会が多かった。

特にATSUSHIが何者であるかということについては、その時々で考えなければいけないことがたくさんあった。佐藤篤志が、ATSUSHIとしてステージに上がるために。

そこにはＥＸＩＬＥならではの、特別な事情もあった。

今にして思えば、その事情というのが原因で、僕の心は壊れそうになった。

精神が崩壊するんじゃないかというくらいに――。

＊

ＥＸＩＬＥの歴史は、最初から危機の連続だった。

ＥＸＩＬＥ誕生のきっかけも、ＨＩＲＯさんが結成した初代のJ Soul Brothersからボーカルが抜けて直面した解散の危機だった。

J Soul Brothers解散の危機が、ＥＸＩＬＥ誕生のきっかけになった。

最初のJ Soul Brothersはボーカル一人、ダンサー四人のダンス＆ボーカルグループだった。

有名な話だから詳しい説明は省略するけれど、いろんな事情があって、この解散の危機を回避するために、そこに新しいボーカルが二人参加することになった。

言うまでもなく、ＳＨＵＮちゃんと僕だ。

僕たち二人はJ Soul Brothersのメンバーとなった。

けれど短期間で改名することになる。

そして2001年に、EXILEが誕生する。

売れるかどうかについては半信半疑だったし、グループとして上手くやっていけるかどうかさえまったくの未知数だった。

やる気だけはあふれていたけれど。

今もよく憶えているのは、EXILEがこれからどうなるか誰もわからなかった頃、知名度なんてほとんどなかったあの時代に、僕らメンバーは「どうする？　次のアルバムがいきなりミリオンセラーになったら」なんて、よくそんな冗談を言いあって笑っていた。

ところが、それが冗談ではなくなり、EXILEは瞬く間にスターダムへと駆け上がる。

誰もが想像した以上の成功だった。

世間の大多数の人には、あのブレイクは既定路線のように見えたかもしれない。飛行機のファーストクラスの席を予約するみたいに、日本のミュージックシーンにEXILEの座る席が決められていたのだ、と。

でも、それは錯覚だ。

世間のほとんどの人はブレイク後のEXILEしか知らないから、そういう風に見えるというだけのこと。

実際にはそんなことはまったくない。スターダムに席を確保するなんて、誰にもできることではない。なぜなら、スターダムなんてものは、現実にはどこにも存在していないからだ。

それはただ、僕たちの音楽を気に入ってくださって、アルバムを買ったりライブに足を運んでくださる方が、どれだけいるかという問題でしかない。

僕たちがやることが、どれくらい世の中に受けいれられるか。二人のボーカルと四人のダンサーという前代未聞のスタイルに、いったい何人くらいの人が共鳴してくれるのか。それはほんとうに、やってみるまでは誰にもわからなかった。

大博打《おおばくち》と言ったら、言葉が悪いかもしれない。

他の大多数のアーティストたちと同じように、何もないスタートラインから、特別な地図も武器も持たずに、仲間だけを信じて歩き出した。とにかく成功が約束されたものなんかではぜんぜんなかったのだ。

その後、道なき道を一進一退しながらなんとか踏破して、僕たちＥＸＩＬＥは世の中に出た。ところがそれはお伽噺《とぎばなし》の「めでたしめでたし」の終わりなんかではぜんぜんなくて、苦難と挑戦の物語の始まりに過ぎなかった。

有名になることがどういうことかを僕らがようやく理解し始めた頃、ツインボーカルがアイデンティティだったＥＸＩＬＥのボーカルの一人、ＳＨＵＮちゃんが僕らと別れて自分の道を進むことを決めた。

結成6年目にして、EXILEはまたしても危機に見舞われたわけだ。

その危機をチャンスに変えたのが、僕の相方のボーカルをオーディションで選ぶという、HIROさんの、あの型破りなアイデアだった。

パフォーマーにAKIRAが加わり、僕はTAKAHIROという新たな相棒を得て、EXILE第二章の物語が始まった。

これは単純に、EXILEというグループの構成メンバーが変わったというだけの話ではない。あのときから、EXILEは常識では考えられない道を歩むことになった。

それがつまりEXILEの特別な事情――僕らは変化する道を選んだのだ。


芋虫がサナギとなり、やがて蝶《ちょう》になるように、EXILEというグループは変化しながら成長する道を選んだ。

第二章以降もEXILEの形は変化し続けた。2009年春には、KENCHI、KEIJI、TETSUYA、NESMITH、SHOKICHI、NAOTO、NAOKIの七人が新たに参加し、第三章がスタートする。

さらに5年後の2014年、オーディションで選ばれた岩田剛典、白濱亜嵐、関口メンディ

Ｉ、世界、佐藤大樹が加わってＥＸＩＬＥは第四章に突入する。
目まぐるしいまでの変貌を遂げることで、少なからぬ数のファンの方たちを困惑させた。

「もう誰がＥＸＩＬＥかわからなくなった」なんて言う方もいた。

無理もない。

僕たち自身だって、戸惑っていたのだから。

メンバーが大幅に増えるだけでなく、その間に、ＥＸＩＬＥのコアとも言うべき重要な人々が抜けていった。

第三章でまず、リーダーのＨＩＲＯさんが勇退する。続く第四章でＭＡＴＳＵ、ＵＳＡ、ＭＡＫＩＤＡＩの三人が卒業した。

あくまでもパフォーマーからの卒業であって、彼らがＥＸＩＬＥのメンバーであることは変わらない。全員が今もＥＸＩＬＥファミリーの一員であり、それぞれの活動を通してＥＸＩＬＥを支えてくれている。

そうは言っても、彼らがライブのステージに立たなくなったのは、僕にとってあまりに大きな変化だった。最初にＥＸＩＬＥを立ち上げたオリジナルメンバーで残っているのは、僕一人になるわけだから……。

それは僕たちに必要なことだった。

その道を選んだのは僕たち自身だ。

変化し続けることで、僕たちはＥＸＩＬＥを永遠のものにしようとした。

人の命が永遠でないように、どんなグループにも終わりはある。

この世に存在するあらゆるものの宿命だ。

それは必ずしも悪いことではない。

限りがあるから、命は輝く。

一年に一度しか見られない桜の開花時期になると、僕たちのホームタウンでもある中目黒の目黒川沿いはたくさんの人であふれかえる。人々が桜の花をこよなく愛するのも、満開になったと思う間もなく散っていくからだ。その一瞬の輝きが、人の心を魅了するのだろう。

命は儚《はかな》い。儚いからこそ、今という瞬間に、命を燃やしつくそうとする。

人間も同じで、限りある命だからこそ、今を、そして人生という時間を、何よりも大切にしたいと願う。

だからグループにいつか終わりが来るのは、必ずしも悪いことではない。その終わりに向かって完全燃焼していく姿は、人々に感動を与えるに違いない。

世に数多《あまた》あるグループは、きっとそういう思いで日々活動している。

それはわかっている。

けれど僕たちは、敢《あ》えてその宿命に抗《あらが》うことにした。この世の唯一絶対の法則に逆らって永遠の命を手に入れ、未来永劫《えいごう》〝ＥＸＩＬＥの信念〟をつないでいくという選択肢を選んだのだ。

ＥＸＩＬＥを変幻自在の形のないものにするということは、ダンサーやボーカリストの卵たちが自分もいつかその一員となることを目指すことができる、ある種のチームになるということでもある。ＥＸＩＬＥは限られたメンバーで構成されるグループから脱皮して、全国の少年少女たちの夢のステージになる。

第三章から第四章へと、世間を驚かせるほどの数のメンバーを新たに参加させながらＥＸＩＬＥの形が激変していったのはそのためだった。

EXILEと魂と

誤解を避けるために、読者の皆さんにわかっておいていただきたいことがある。

ＥＸＩＬＥが大きく形を変えていくという方針は、最初の小さなアイデアはＨＩＲＯさんが出したものではあるけれど、メンバー全員でそのアイデアをさらに広げていき、最終的にはみんなが心から賛成して決めたことだ。

もちろん僕自身も、考え抜いた上で賛成した。

グループが上手くいっていないから形を変えるという話ならわかるけれど、ＥＸＩＬＥが波に乗っているときに、何もそんなことをしなくてもいいんじゃないかという意見もあるにはあった。

けれどＨＩＲＯさんは、絶好調の今だからこそやるべきだと考えた。大きな変革は、勢いのあるときにやり遂げてこそ成功するのだ、と。

僕もその考えに賛成だった。

ファンの方たちを戸惑わせてしまいかねないことは心配だったけれど、なんとか理解していただくために、みんなで自分たちの夢を丁寧に根気よく説明していこうと決めた。そして、何より大切なのは、その新しいＥＸＩＬＥで最高のパフォーマンスを皆さんにお見せすることで、きっと納得してもらえるはずだという確信にも似た強い思いがあった。

そのためにできることはすべてやった。

実際にどこまでできたかは、皆さんの判断におまかせするしかないわけだけれど……。

少なくとも、自分自身ではやり遂げたつもりだ。

そのことを頭の隅に置いた上で、これからの話を読んでいただきたい。

ＥＸＩＬＥが形を変えていくことになんの異論もないし、それが僕たちの未来にとって必要だという信念を、あのときの僕は確かに胸に抱いていた。

その思いは、今もまったく変わらない。

ただ、だからといって、それを上手くやり遂げられるとは限らない。

頭で完全に理解はしていても、心が同じように動いてくれるわけではないのだ。


……回りくどい書き方はやめよう。

EXILEが数年おきにメンバーを増やし、目まぐるしく変貌を遂げていくという事態に、誰よりも戸惑っていたのは、僕自身だった。

呆然《ぼうぜん》とその場に立ちつくして、ただその変化を眺めることしかできなかった。

それは単純に人数が増えていくというだけの話ではなく、僕自身のグループ内での役割や立ち位置も変わるということでもあった。

もう僕は、頼もしいお兄ちゃんたちに守られた、歌うことが大好きな、無邪気な末っ子ではいられない。もっと言えば、グループの信念や概念までもが少しずつ変化していくのを感じて、足元がぐらつくような不安すら覚えていた。

さらに2015年の暮れ、MATSU《まつ》ちゃん、USA《うつ》さん、MAKIDAI《まき》さんの三人が同時に卒業したことは特別に大きかった。

ある日突然、それまでずっと一緒に育ってきたお兄ちゃんが全員一緒に家を出ていったような感じとでも言えばいいか。末っ子気分が抜けないまま、自分だけが取り残されて、いつの間にか見慣れた景色の中にぽっかりと大きな穴があいていた……。

しかも気づけば、僕の周りには弟のような新しい仲間たちがたくさんいた。年齢的にもいちばん年上の世代だから、自分がリーダー的役割を引き受けて、みんなを引っ張っていかなきゃいけないのはわかっている。

けれど、どうやったらいいんだろう？

僕はＥＸＩＬＥの夢のために、何をするべきなのか。

それは悩みではなかった。

思考停止だったかもしれない。

新しい若い仲間たちに、唯一のオリジナルメンバーとして、ＥＸＩＬＥの魂を引き継いでいく責任は、誰よりも僕にある。それはよく理解していた。ただ、新しいＥＸＩＬＥはどこへ向かうべきなのか。舵《かじ》をとっているはずのＨＩＲＯさんは、もう現場にはいない。自分が何をどこまでやっていいのか、正解を見つけられなかった。

ＨＩＲＯさんのパフォーマー勇退までは、なんとか受け止めることができたのだ。

ＨＩＲＯさんがパフォーマーとしてステージに立たなくなるのは大きな痛手だったけれど、それが僕らの夢のために必要なプロセスであるということは理解した。

けれどＭＡＴＳＵちゃん、ＵＳＡさん、ＭＡＫＩＤＡＩさんまでが卒業してしまったときに、僕は自分がどういう立ち位置で歌を唄うのかがよくわからなくなった。

すべては自分たちで納得して決めたこと。

決断の責任は、もちろん自分自身で引き受けるべきだ。

そんなことはわかってる。

けれど、急激な変化についていくことを、僕の心が拒否していた。

もっと言えば、心の底では、自分がＥＸＩＬＥの変化を受け止めきれていないということを、自分でもよく理解していなかったのだ。

「ファンの方たちには、自分たちがこういう選択をした理由を理解していただけるまで、とにかく根気よく説明していこう」「世間を驚かせるようなすごいライブをやって新しいＥＸＩＬＥを受けいれてもらおう」と、メンバー同士でそういう話はずいぶんしていたのに、なんのことはない、僕自身がそのことを誰よりもいちばん不安に思っていたらしい。

変化の必要性を頭では理解していたのに、自分の心がどこかで軽い拒絶反応を示しているということに気づけなかった。

ＥＸＩＬＥの大きな夢に心を奪われて、自分で自分の心を押さえつけていたことに気づけなかった。

ほんとうに、これで正しいのだろうか？　僕らは間違った選択をしたんじゃないか——。

そんな疑問を抱えたまま、気合いだけで駆け抜けたＥＸＩＬＥの、そして僕自身の、大人の思春期というか、混乱期だった。

しかし、そんな僕の不安に反比例するように、ＥＸＩＬＥはその後もドームツアーを毎年開催できるほど、多くの皆さんに受けいれられていった。

僕はその新しいＥＸＩＬＥのど真ん中で、完全に自分自身を見失っていた。

作り物の自分？

自分が誰かなんて、わかり切ったことだ。

けれど特殊な世界で生きていると、時として、それがよくわからなくなることがある。

21歳になるまで、僕は佐藤篤志という一人の人間だった。いつか歌で身を立てることを夢見る、ごく普通の音楽好きの若者だった。

その若者が、ある日突然ＡＴＳＵＳＨＩになった。

ＡＴＳＵＳＨＩはもちろん篤志なわけだけれど、ある意味で、この二人は別人だ。

二つの人格と言ってもいいかもしれない。

篤志は、生まれたときから今にいたるまで、僕の中に存在している。

誰とも違わない、どこにでもいる、ただの男だ。

あたりまえの話だけど。

ＡＴＳＵＳＨＩは違う。


呼び名がひとつ増えただけじゃないか。

そう言う人もきっといるだろうけれど、実際にはそんなに簡単な話ではないことを経験から知った。

名前には不思議な力がある。人格が宿るのだ。

初めは僕もよくわからなかった。

ＡＴＳＵＳＨＩという名がついて、ちょっとだけ背筋《せすじ》が伸びるとでも言えばいいか、誇らしい気持ちもあるにはあったが、同時になんだかこそばゆいような、その名で呼ばれるのが気恥ずかしいような思いもあった。

ところが月日が流れる間に、何かが変化していった。最初に変わったのは行動だ。日常のふるまい方が変わった。

アーティストとして恥ずかしくない行動と言ったら月並みだけれど、応援してくださるファンの皆さんを幻滅させるようなことはしたくないと思うようになった。

中身は「どこにでもいるただの若者」でも、だからこそ、日々の立ち居ふるまいにはいつも気をつけなくちゃいけない。歌舞伎《かぶき》の女形とか、宝塚歌劇団の男役みたいなものかもしれない。ちょっと油断をすると地金というか、どこにでもいるただの若者である佐藤篤志が顔を出してしまうから、人前では気を張って、自分を律するようになる。

もちろんそういうことを考えるのは生身の僕であって、それはつまりATSUSHIを演じていたということなのだと思う。

ATSUSHIは、佐藤篤志という人間がかぶった仮面のようなものだった。

サングラスをかけるようになったのも、髪の毛を短くしたのも、その仮面を補強するためだったと言えなくもない。

けれどATSUSHIと呼ばれるのに慣れ、やがてそう呼ばれることの方がむしろ普通になると、その「演じる」という感覚がどこかに消えていった。

仮面が仮面でなくなって、ATSUSHIが第二の「僕」になったとでも言えばいいか。いつの間にかごく自然に、ATSUSHIとしてモノを考えるようになっていた。

佐藤篤志という僕本来の人格が消えたわけではない。

たとえばライブの何万人というファンの大歓声が耳の奥でまだ木霊《こだま》のように響いているうちにホテルの部屋に戻って、なんとも言えない孤独を感じているのは、僕が昔からよく知っている佐藤篤志だ。皿の上では朝食べたバナナの皮が真っ黒に干からび、ベッドには僕の抜け殻《がら》のようなジャージが脱ぎ捨てられていて、その無残な現実感とさっきまでのきらびやかなライブの非現実感との、あまりの落差に、吐き気がするほどのめまいを毎回感じている。

あるいは実家に帰って父や母と話したり、地元の友人たちと会っているとき。ATSUSHIは幻のように消え失せて、そこには佐藤篤志だけがいる——。

ボーカルと心拍数

最近やっと少しずつではあるけれど、ステージ上で客席の皆さんと感覚を共有できるようになってきた気がする。時には会場全体に包み込まれて、皆さんと完全に同化するような感覚になることもある。

だから、楽しい曲はこれでもかというくらい楽しく、悲しい曲は死ぬほど悲しく、吠《ほ》える曲は全身の筋肉を硬直させ、たとえそのライブが2デイズだろうが3デイズだろうが、次の日のことなんて考えないで吠えまくる。

そうしなければ、感動なんて生まれない。

もしかしたらその日のライブが、人生において最初で最後の一度限りであるお客さんだっているかもしれないのだ。中途半端なものなんて絶対に見せたくない。

その人の心に一生残る感動を刻み込みたい。

ステージから見渡す観客席は、まるで嵐の海だ。何万人もの興奮が重なりあって渦を巻き、大波になってステージ上にいる人間に押し寄せてくる。

僕はその巨大な圧力を全身で感じながら歌う。

観客席を埋めつくす何万人という人のすべて、一人ひとりの心に僕の思いを届けるには、僕自身がブッ壊れるくらいの興奮をしているのがちょうどいい。

これは僕の持論に過ぎないけれど、客席の皆さんの感動のエネルギーを受けた演者が、皆さん以上に感動していることでそれが増幅され、広い会場を震わせるような言葉に表し難い膨大な感動を生むように思う。

僕の歌を聴いてくださっている客席の皆さん以上に、僕自身が感動していることが、さらなる感動の渦を巻き起こすのだ。

人の気持ちがわからない人間には、人を感動させることが難しいのと似ている。僕自身が激しく感動していなければ、何万人もの人の魂を震わせることはできない。

問題は、その感動のライブが終わったあとだ。

酒を飲もうが、暴飲暴食しようが、好きな人と最高に楽しいデートをしようが、大人しく一人で寝ようが、一度ブッ壊れた回路はなかなか元に戻ってくれない。

実は、ちょっとした興味から、ライブ中の僕の心拍数を測ったことがある。今はテクノロジーの進化で、デジタル時計のようなものでパソコンと連動させ、心拍数を測ることができる。

その結果、1分間に平均140前後の心拍数が、ライブの間中ずっと続いていることがわかった。激しい曲では180近くまで上がることもある。

普通の生活では、心拍数は90〜120くらい。少し軽めのジョギングで120、しっかり走ってようやく130を超えるくらいらしい。

ちなみに心拍数の限界を最大心拍数という。その数字は年齢で変わるのだそうだ。だいたいの目安だけれど、220から自分の年齢を引くと最大心拍数になる。30歳なら220マイナス30で190、40歳なら180。

つまり今の僕にとって180はほとんど最大心拍数、心臓の能力の限界だ。

ボーカルは、パフォーマーのような激しい動きをするわけじゃない。つまり精神的ストレスと緊張と興奮だけで、心拍数がそこまで上がってしまうということだ。3時間半のライブの間中、交感神経は興奮し続け、副腎はアドレナリンを分泌し続けているのだろう。

ライブが終わっても、翌日くらいまでこの状態は続いている。身体は疲れ切っているのに興奮がおさまらなくて、無性にトレーニングしたくなったりもする。

その興奮状態がなんとかおさまったあとは、また次の問題が生じる。とてつもない虚脱感に襲われて、身体が動かせなくなるのだ。

人の生理の限界近くまで興奮したことの、いうなれば後遺症だ。

働き過ぎた交感神経を休ませるために、副交感神経が働いてバランスを取ろうとする。そういう意味では、身体の正常な働きなのだろうけれど、それにしても落差が尋常ではない。

極度の興奮状態と極端な虚脱状態が、短い間隔で繰り返し心と身体を襲う。ツアーで全国を回るというのは、そういうことでもある。

砂漠の岩は風化しやすいという。日中と夜間の温度差が激しいからだ。昼間の熱で膨張した岩が、夜間には急激に冷やされる。その繰り返しが、岩をボロボロにしてしまうのだ。

おそらくそれに近いことが、僕の心と身体に起きていた。

ほんとうの問題に気づかないと心は壊れ始める

心が悲鳴を上げているのに、頭がそれを理解しないと何が起きるか。

抑圧された心は、身体に思わぬ不調を起こさせる。

僕にそんな知識は皆無だったから、最初はそれを単純に疲れが溜《た》まったせいだと思い込んでいた。疲れが蓄積していたのは事実でもあった。

ＥＸＩＬＥのメンバーとなった21歳のときから、30代も半ばを過ぎるまで、ポリープの手術をした約半年間以外は、ひたすら歌い続けてきた。

ＥＸＩＬＥのツアーをやりながら、次のアルバムの制作とレコーディング、ＣＤジャケットやＭＶの撮影、そしてそこにソロ活動を入れ始めた頃、仕事は雪だるま式にどんどん増えていき、さらに二つのテレビ番組でレギュラーを持つことになった。

しかし、かなり疲れたときでも、「俺もそろそろ歳かな。昔みたいに無理はできないや」なんて、軽く考えていた。

朝起きられないとか、気力が湧かないとか、初めの頃は、そういう誰でも一度は経験するような些細《ささい》な不調が、少しばかり重症化しただけだろうと。

今、冷静に考えれば、尋常でないストレスが溜まっていたのだ。

ストレスはこの仕事の付属品みたいなものだ。いやこの仕事に限らず、仕事というものはみんなそうだろうけれど、自分の思った通りに進むことの方がむしろレアケースだ。ましてライブをするにしても、レコーディングするにしても、いい仕事をしようとすればするほど反作用のようにストレスは大きくなる。

大勢の人間でひとつのものを作るとなれば、感性や考え方は当然それぞれに違うわけで、意見が食い違うのはあたりまえだ。それをひとつにまとめ上げていく過程では、僕だけでなく、誰もが多かれ少なかれストレスを味わうことになる。

自分の思いを上手に伝えられないもどかしさ、それを理解してもらえないときのメンバーやスタッフへの苛立《いらだ》ち、そんなことでストレスを感じてしまう自分の器の小ささに対する反省と失望……。

たとえばそういうネガティブな感情が心に湧いてくるたびに表に出していたら、とてもじゃないが仕事は前に進まない。

いい歳をした大人としては、ぐっと堪えて腹の底におさめ、ものわかりのいい、優しいATSUSHIの顔をするわけだ。

いや、表に出してしまったことがまったくないとは言わない。ある時期を過ぎたあたりから、イラついた状態で仕事をしたり、気難しい顔で黙り込んだり、トゲトゲした言葉を口にしてしまったり……。自分では堪えているつもりでも、周りの人は腫《は》れ物に触るような思いで僕に接していたこともあったと思う。

もっとも、イライラを他人にぶつけても、楽になることはない。あとから必ず自己嫌悪に陥《おちい》って、それがまた新たなストレスになる。

そんな具合で、毎日のように何かしらストレスはあるわけだけれど、それはデビューした頃からずっと続いてきた日常生活の一部でもあった。

だから、あまり深刻には受け止めなかった。

どうしようもないときは、酒でストレスを発散した。いや、発散したつもりになっていた。

飲み友だちには恵まれていたので、酒の席はただ楽しいだけだった。酒を飲みさえすれば、一時的にだけど、たいていの嫌なことはうやむやにできた。

でもそれはその場で忘れるだけで、嫌なことそのものが消えるわけじゃない。

ＥＸＩＬＥが変わっていくことを心の底では受けいれられずにいるのに、酒の力を借りて誤魔化す術《すべ》を憶えてしまっただけだ。

酒量は次第に増えて、気がつけば翌日にライブでも控えていない限りは、ほとんど毎晩のように飲むようになっていた。

もしも酔って暴れたり、飲み過ぎて身体を壊していたら、歯止めがかかったかもしれないけれど、幸か不幸か、僕はアルコールには強い体質だった。そして、飲み過ぎたあとは、その酒を抜くための身体のケアを怠ることは決してなかった。意味のわからないところでプロ意識が高く、意味のわからないところで異常にプロ意識が低かったということだろうか……。

精一杯の言い訳をさせていただくと、こんな事実も全部含めて今のＡＴＳＵＳＨＩがあるし、今の歌が唄える。だから飲み過ぎた夜のバカ騒ぎも、他に反省すべき場面もたくさん思い出すけれど、後悔はしていない。

なぜなら、あの時間がなければ、僕はとっくの昔に辞めてしまっていたから。

その時代の僕にとっては、それが歌い続けていくための唯一の術だった。

そんな毎日をずっと続けていたらどうなるかは、改めて考えるまでもない。

酒で誤魔化しながら、いつまでも生きていけるわけがない。

そして、とうとう最初の限界が訪れた。

２０１４年のソロライブツアー。埼玉県のさいたまスーパーアリーナ公演３日目の終了後、僕は激しいめまいで立っていられなくなった。

第二章　精神崩壊

誰もいない世界

「生まれ変わったら何になりたいですか?」

2014年のMusicツアー終盤のミート&グリートのイベントで、一人のファンの方からそう質問された。

僕は一瞬、言葉に詰まった。

いくつかの模範解答が浮かんだけれど、どれもそのときの自分の気持ちとは遠くかけ離れていたからだ。

少しだけ考えて、僕はこう答えた。

「どこかの星の石になって生まれたいです」

言ってしまってから、しまったと思った。

自分の心にふと浮かんだイメージをそのまま口にしただけなのだが、少し正直過ぎたことに気づいたのだ。

「生まれ変わっても、皆さんとまたどこかで会いたいです」

「もう一度、今の自分に生まれたいな」

「大きな鳥に生まれ変わって、自由に空を飛んでみたい」

そんな答えにするべきだったかもしれない。

その場にあふれていた楽しい雰囲気に、わざわざ水を差すことはなかった。

けれど、それができなかった。今その映像を見返して、自分の精神が崩壊しかけていたあの頃のことを思い出した。

その場に居あわせた人たちは、僕がまた何か哲学的なことを言い始めたと、好意的に解釈してくれたようだ。「どこかの星の石」という言葉に、何か深遠《しんえん》な哲学的意味を探す人さえいたかもしれない。

けれど僕の心に浮かんだのは、そんなロマンティックなイメージではない。

地球から何万光年も離れた、草木も生えない荒れ果てた星――。その冷たい風が吹く大地に、ぽつんと転がっている小さな石だ。

誰に拾われることもなく、誰の目に触れることもなく、ただ、そこにある石ころ。

もしも生まれ変わるなら、そういうものになりたいと僕は思った。

誰もいない世界に行きたかった。

僕はなぜそこまで疲弊していたのか。

なぜ、そんなことになってしまったのか……。

今にして思えば、あれはひとつのサインだった。

僕がこの本を書き始めたのは、そういうことがあって、しばらく経ってからだった。

僕の初めての著書『天音。』（２０１３）の担当編集者から「第二弾を書いてみないか」という提案を受けたものの、時間的な制約があって集中して長い文章を書くことはできない。だから、その時々に考えたことや感じたことを、少しずつスマホにメモをしては、その都度、メールで編集者に送っていた。

言葉が浮かんで止まらなくなることがある。

抱えているモヤモヤした思いが言葉になり、その言葉が文章に紡《つむ》がれて、僕の心の深い部分から次から次へと湧き上がってくる。

夜中に夢中になって文章を書いていて、ふと気がつくと、夜が白々と明けているということが幾度もあった。

歌詞を書くのとは少し違う。

辛い経験を掘り返して文章にするのは、もちろん楽しい作業ではないけれど、文章を書いているとその痛みが少しだけ和らぐ。書くことによって辛い経験が整理されて、その辛さの正体を冷静に見つめ直すことができる気がした。

そして、その文章を、いつか誰かが目にしてくれるかもしれないという希望は、迷いの中にいる人間にとっては、ものすごい救いでもあると感じていた。

自分で自分の心のカウンセリングをしているような、心の痛みを思い出す辛さと、それを表現する心地よさが入り混じった不思議な時間だった。


僕にはたくさんのよき友人がいる。現代のほとんどの皆さんと同じように、物質的にはほぼ不自由のない生活をしている。そして何よりも、僕は、自分がいちばん好きな歌うことを仕事にしている。

そんな僕に、そんなに辛いことなんてあるの？　と思う人もいるだろう。

普通に考えたら、僕は幸せなはずだ。

何不自由なく暮らしているＥＸＩＬＥ　ＡＴＳＵＳＨＩが辛いだなんて、ただの贅沢《ぜいたく》なんじゃないか――。

それはこの僕自身が、何度も僕自身の心に問いかけたことでもある。

世界には僕なんかよりもっと辛い思いをしている人が、何千万人も、いや何億人もいるに違いない。そういう人たちの苦しみに比べたら、僕の辛さなんて小さなゴミ屑《くず》みたいなものなのかもしれない。

いや現実にそうなのだ。

自分の何倍も何十倍も辛い思いをしている人がいると気がついて、そのことがどうにも耐えられなくなって、ほんのわずかでも誰かのためになればと社会貢献活動をするようになった。何億人もの人に手を差し伸べることはできないけれど、自分にもできることはある。

その活動を通じて少しでも誰かの助けになれると感じたとき、僕の心には喜びが湧く。ほんとうに小さなことかもしれないし、まだまだこのくらいでは足りないとも思うけれど、それでも自分が誰かの役に立っていると感じることは、僕の救いにもなった。だから今も続けているし、これからも小さな行動を続けていきたいと思う。

それを偽善とか売名とか言う人もいるらしい。けれど、僕にしてみれば、批判はどうぞご自由にという気持ちだ。

全員を救えないからやらないというより、一人でも喜んでくれるなら行動を起こす意味があると信じている。そして何よりも、誰かの助けになることや子どもたちの笑顔は、僕の心に平和をもたらしてもくれる。今では僕の生きる喜びであり、生きる意味のひとつなのだ。

けれどそれでも、人を助けることで自分が救われるという奇跡のような瞬間をいくら経験しても、僕自身が心の中に抱えた辛さが消えることはなかった。

それとこれとは別なのだ。

どんなに恵まれた環境にいたとしても、死んでしまいたくなるほどの辛さや苦しさを経験することはある。

それは、自分を見失う辛さだ。

自分を支えていた土台が根底から崩れ、自分がいちばん大切にしていたはずのものに価値を見出せなくなる辛さは、どんな手段をもってしても癒《い》やすことはできない。

自分を見失うと、自分がこれからどう生きればいいかがわからなくなる。

何を喜びとして生きているのかがわからなくなって、ついには生きる希望を失ってしまう。

以前Dreamのために書いた『希望の光 ～奇跡を信じて～』という曲のテーマでもあったけれど、迷いの中にいても、希望は光になる。しかし、その光が見えなくなったとき、世界は漆黒の闇と化す。自分が今どこにいて、どこに向かって歩いていけばいいのかわからなくなり、人は生きる意味を失ってしまうのかもしれない。

それを経験したことのある方には、この苦しさを説明する必要はないだろう。

命を懸けた仕事が奪われたとき、人生の固い信念が崩れたとき、そして心から愛する人を失ったとき――人はそういう、どうしようもない辛さを経験する。

僕がそうだったからよくわかる。

僕にとってＥＸＩＬＥは、そういうすべてを合わせた自分の中心だった。

しかしある時期、そのＥＸＩＬＥを、どう受け止めればいいかがわからなくなった。そして僕は自分自身を見失い、自分の生きる意味を見失った。

それでも僕がなんとか生きる勇気を奮い起こし続けることができたのは、僕を見出してくださったＨＩＲＯさんと仲間の存在、ライブ会場で見ることができるファンの皆さんの笑顔、そして社会貢献活動を通して人とつながり、そこに自分の助けを必要としている人がいることを知ったからだった。

そういう意味で、綺麗事でもなんでもなく、人を助けることで自分自身が助けられていた。


これはとても大切なことだから、先に結論を書く。

どんなに辛くても、生きることに意味を見出せなくなっても、生きることがただ苦しいことの連続であっても、それでもなんとか生きてほしい。

自分を見失うのは、新しい自分を見つけるためなのだ。

生きる意味がわからなくなるのは、価値観が大きく変わりつつあるということだ。

そのどうにもならない辛さや苦しさは、自分の古い殻を破って、新しい自分に生まれ変わるための、いうなれば産みの苦しみだ。

新しく生まれ変わるのは、もちろんそんなに簡単なことではない。長い時間がかかるかもしれない。けれど、生きていれば、必ずそのときが来る。

朝の来ない夜はないという。

僕はまさに、それを経験した。

そしてあの辛かった時期が、自分の成長にとってかけがえのない時間だったことを、今はしみじみと感じている。

ＥＸＩＬＥが生まれ変わるには、僕自身も生まれ変わらなきゃいけなかったということなのだ。

物語の結末を先に書いてしまうのは反則かもしれないが、この先、もう少し辛い話が続くことになるので、敢えてそうさせていただいた。

さて、話を戻そう。

自分を見失った辛い思いを書くようになった頃の話だ。


あるとき、いつものように編集者に原稿を送りながら、僕は本のタイトルを思いついた。

「この本のタイトル、『精神崩壊』というのはどうでしょう。この本の内容に、いちばんぴったりくると思うのですが」

しばらくして……。

ギョッとした顔の絵文字で、「さすがにそれはファンを驚かせてしまうのでは……？」という、ちょっと困ったようなニュアンスの返信が届いた。

編集者の言いたいことはわかる気がした。

書店の本棚に、僕が書いた『精神崩壊』という本が並んだら、世間の人はどんな反応を示すことか。話題にはなるかもしれないけれど、あまりに不穏なタイトルだ。ファンの方たちを不安にさせるのではないかと心配するのも無理はない。

だけど、その言葉を使わざるを得ないくらい、そのときの僕は辛い思いを味わっていた。

精神崩壊——。

心が壊れそうだった。

そうとでも呼ぶしかない精神状態に、僕は落ち込んでいた。

自分が信じて疑わなかったこと、自分が何よりも大切だと思っていたもの、僕を支えていた信念や哲学、僕があれほど確かだと思っていたもののすべてが、ガラガラと音をたてて崩れ去っていくような気がした。

大袈裟《おおげさ》だと思うかもしれないけれど、あの時期の僕が経験したのはそういうことだった。

アイデンティティ

僕が落ち込んだ闇というか混乱は、僕だけじゃなく他の人にも時として起きることらしい。

心理学の世界では、「アイデンティティ・クライシス」と呼ぶのだそうだ。

アイデンティティとは、自分は何者かという意識だ。その意識がクライシス、つまり危機に陥る。自分が何者か自信が持てなくなる。

それが僕のハマった闇だった。

そういうことを知る前に、僕は自分のその心理状態を「精神崩壊」と呼んだ。

心理学的にはアイデンティティ・クライシスと言った方が通じやすいのかもしれないけれど、僕には精神崩壊という言葉の方がしっくりくる。

自分の経験としては、まさに精神が崩壊するような気分だった。

アイデンティティ・クライシスなんて言ってしまったら、なんだか流行《はや》りの現象みたいで、僕があのときに感じていた孤独感とか、わけのわからない不安とか、見当違いの罪悪感みたいなものを、上手く言い表せない気がするのだ。

ちなみにこれは、思春期の若者が陥りやすい心理状態らしい。

いい歳したアラフォーのオジサンがそんなことになるなんてどうなの？　という意見もあるとは思うけれど、実際にそうなってしまったのだから仕方がない。

それに近頃は、若者だけでなく僕のような大人になってから、この危機に直面する人も少なくないというから、僕がどうしてそうなって、やがてどうやってそこから脱出したかを話すことは、今という生きにくい時代に生きているたくさんの人の参考にも、もしかしたらなるんじゃないか。

だから、僕の心に起きたことを、できるだけ正確に書き記そうと思う。

さて――。

自分を見失うのが恐ろしいのは、話がそれでは終わらないところにある。

今でこそ、それは誰もが経験する可能性のあるアイデンティティ・クライシスの問題であることを理解しているけれど、その混乱の真ん中にいたときはそれがわからなかった。

わからないまま、ただ辛さと向きあっていたときは、底なし沼にゆっくりと呑み込まれて、気がついたら首まで泥につかっていたというような感覚を味わった。

その底なし沼に足を踏み入れたのはいつだったのか。

別の言い方をすれば、人生のどこが底なし沼の始まりだったのか。

EXILEの変化を上手く受けいれられなかったと書いたけれど、実際の話をすれば、EXILEはある日突然変わってしまったわけではない。徐々に形を変えていったわけだ。人が歳を重ね、少しずつ変わっていくように。

それは自然なことだし、僕にしてもEXILEは絶対に変わってほしくないなんて思っていたわけではない。むしろ積極的にEXILEを輝かせ続けるためにも、形を変えていくべきだと考えていた。

頭ではわかっていたのだ。いや、わかっていたからこそ、なのかもしれない。自分の心が、その変化についていっていないことに、長い間気づくことができなかった。

そして気づいたときには、前にも後ろにも行けず、抜き差しならないところに踏み込んでいた。

そのまま前に進んでいたらどうなっていたか、正直なところ想像するのが恐いくらいだ。輝く未来に向かって歩いているとばかり思っていたのに、そういう未来がどこにも見えなくなっていた。

自分を見失った僕は、生きるのが不安で、何も楽しくなかったし、何をしても面白いと感じることができなかった。酒を飲んでいるとき以外、ずっと……。

僕は途方に暮れた。

そのこと自体が、僕に送られたひとつのサインだったのだと思う。けれど、僕はそのサインに気づくことができなかった。

そんな状態がしばらく続き、ついに僕の身体に変調が起き始めた——。

自分の身体に何か奇妙なことが起きているのに気づいたのは、2014年春のことだ。

4月12日、名古屋の日本ガイシホールを皮切りに、僕の初めてのソロライブツアー〝Music〟がスタートしていた。

名古屋で2日間、福井で2日間の公演を無事終えて、埼玉のさいたまスーパーアリーナでの3日連続公演の3日目を終えた次の日、自宅で目を醒《さ》ますと突然激しいめまいに襲われて、僕はソファに座り込んだまま動けなくなった。

自分としては座ったつもりなのだが、上半身が斜めに傾いて、真っ直ぐに座っていることさえ難しい。

疲れていたのは間違いない。

初めてのソロツアーということもあって、僕はいつも以上に気合いが入っていた。

ライブ中に上半身裸になるという演出を自分で設定していたので、ツアー前から激しい筋トレを続けていた。ツアーが始まってからも、翌日ライブの本番だろうがおかまいなしに筋肉に負荷をかけ続けた。そんなことをしながらのツアーだから、精神的にも肉体的にも、疲労はかなり蓄積していたはずだ。

しかし、立っていられないほど疲れたというなら話はわかるけれど、自分では真っ直ぐに座っているつもりなのに身体が斜めになっているというのは、明らかに何かがおかしかった。

今までには感じたことのない、異様な感覚だった。

ツアーはまだ始まったばかりで、翌週末には北海道の真駒内セキスイハイムアイスアリーナでの公演が控えていた。さらに青森、長野、愛媛、熊本、沖縄、福岡、大阪と7月中旬までツアーは続く。

単なる疲労のせいだと軽く考えるわけにはいかない。

こんな状態で、ステージで歌えるわけがない。

スケジュールの隙を見つけて駆け込んだ病院で精密検査を受けると、丸椅子の上でオドオドして落ち着かない僕に、目の前の医師はあっさりと病名を告げた。

「おそらく、自律神経失調症ですね」

ジリツシンケイシッチョーショー？

何それ？

アクセルとブレーキ

聞いたことはあったけれど、具体的な知識はほぼゼロに等しかった。

漢字七文字の病名の間に挟まる「神経」という文字を見て、厄介な病気でないといいなあと思うくらいがせいぜいだった。

だからここから先は、医師の説明とインターネットのサイトや医学的な本などを読み漁って得た知識に基づく、僕なりのこの病気に対する理解であることをわかって読んでいただきたいと思う。

自律神経とは、簡単に言うと、自分の意思では動かせない人間の身体機能をコントロールしている神経だ。僕たちは意識せずに、息を吸ったり吐いたり、心臓を動かしたりしている。胃や腸は勝手に消化液を出したり蠕動《ぜんどう》運動をしたりして食べ物を消化する。朝になれば目が醒めるし、夜が更ければ眠くなる。

意識せずにとか、勝手にとか言っても、テキトウにやっているわけではない。

走れば心臓の鼓動は激しくなる。筋肉を動かすには酸素が必要だから、その酸素を補給するために血液の流れを早くするのだ。暑ければ汗をかいて体温を下げようとする、寒さを感じると震えて筋肉を動かして体温を上げようとする。

素晴らしくよくできたメカニズムを僕らの身体は備えているわけだけど、その精巧なメカニズムを操作しているのが自律神経だ。

逆に言えば、自律神経が上手く働いてくれているから、僕らは何も難しいことは考えずに

「普通」に生きていられる。

その自律神経の働きが、正常でなくなるのが自律神経失調症だ。

つまり「普通」に生きられなくなる。

自律神経には交感神経系と副交感神経系という二つの経路があって、車のアクセルとブレーキの役割を果たしている。

大雑把に言うと、交感神経がアクセルの働きをして身体を活発に動かそうとする。副交感神経はブレーキで、身体を休ませようとする。

交感神経が働いているときの身体は、高性能のスポーツカーだ。全身の筋肉をフルパワーで動かして、その人の持つ能力を最大限に発揮させようとする。心臓の鼓動を早くして全身に大量の血液を送るのも、アドレナリンというホルモンを出して眠気を吹き飛ばしたり、闘争本能をかき立てたりするのも交感神経の働きだ。

反対に副交感神経は、そういう身体の機能をスイッチオフにする。身体を休ませるために眠気を催させたり、気分を穏やかにしたり。身体を休ませている間に、胃だの腸だのを動かして食物を消化したり、傷ついた筋肉を癒やしたり。

運転しているとき、僕らはアクセルとブレーキを状況に応じて踏んだり戻したりしながら事故を起こさないように車を操作するわけだけど、身体も同じように交感神経と副交感神経を上手く使ってコントロールしている。

自律神経の働きがおかしくなるというのは、具体的に言えば、この交感神経と副交感神経の働きがおかしくなるということ。

アクセルを踏んでいるのにブレーキがかかってしまったり、ブレーキを踏んだらなぜかアクセル全開になってしまったり。

そういうことが僕の身体で起き始めていて、それがその奇妙なめまいの原因なのだった。

目をつぶっていても、身体が傾けばすぐにわかるのは、耳の奥にある三半規管が傾きを感知して「斜めになってるよ」と教えてくれるからだ。

ところが自律神経に異常が起きている僕の脳には、真っ直ぐに座っていても「斜めになっている」という情報が送られる。目からの情報は真っ直ぐなのに、僕の内側の感覚は傾いている。それでめまいがしたり、耐え難い吐き気を覚えたりしたのだ。

身体が斜めに傾いていたのは、自分の身体の内部の感覚で「斜めになっている」と思い込んで、無意識に身体を真っ直ぐに保とうとした結果だった。

なんだかとんでもなく厄介なことになっていると、そこまでは医師の説明で理解したけれど、問題はその先にあった。

自律神経失調症がなぜ起きるのか、実はよくわかっていないらしい。

そもそも自律神経失調症とは、あくまでもそういう症状があると言っているだけで、公式な病名ではない。原因が特定できず、病名をつけられない症状をまとめて自律神経失調症と呼んでいるだけのことだという。

たとえばインフルエンザの原因はウイルスということがわかっている。花粉症の原因は花粉に対するアレルギー反応で、結核の原因は結核菌だ。

原因がわかっていれば、治療の方針は立てやすい。治りやすいとか治りにくいという違いはあるにしても、どう対処すればいいかははっきりしている。

ところが自律神経失調症の場合は、原因がはっきりわからないので、どう対処すべきかがいまいちよくわからない。

疲労やストレスが原因だろうと一応は言われているけれど、疲労はともかくストレスに関しては個人差がかなり大きい。何をストレスと感じるかは人によって違うし、たいていの人間は生きていれば朝から晩までさまざまなストレスにさらされる。

通勤電車がストレスになる人もいれば、仕事がストレスだったり、友人や家族との関係がストレスになっていることもある。たくさんのストレスの中の、何が自律神経失調症の原因になっているのか。問題はひとつかもしれないし、いくつものストレスが重なったせいかもしれない。

ストレスが原因だということがわかっても、それがどのストレスなのかわからなければ何もワカラナイのと大差ない。生きていく上で感じるストレスのすべてをなくすことなんて、現実にはできるわけがないのだから。

要するに、自律神経失調症だということまではわかったけれど、治療法はよくわからないということ。

できるのは、そのとき感じている身体の不調を和らげる薬を飲むことくらい。いわゆる対症療法というやつだ。

医師は何種類かの薬を処方すると、「なるべく疲れを溜めないように。規則正しい生活を心がけてください」と言った。

不自然な不安と幸福感

処方されたのは、不安を和らげる薬だった。

突然身体が傾いて、めまいで立っていられなくなれば、誰だって不安くらいは感じる。だからそのときの僕は不安で一杯だった。まさかその不安までが、自律神経失調症の症状とは思わなかった。

薬を飲むと、確かに不安は和らいだ。

もう少し正確に言うと、ふわふわとした幸福感のようなものが湧いてくるのを感じた。もう何も心配することはないという気分にすらなる。

副作用なのかどうかよくわからないけど、その代わり注意力が散漫になるような気がした。いつもの僕は、身の回りに起きた些細なことまでかなり正確に記憶している。会った人の着ていた服の柄とか、その人がどんな仕草をしたとか、なんの話で笑ったとか。憶えていなくてもいいようなことまで、よく憶えている方だ。けれど薬を飲むと、薬が効いている間の記憶が曖昧《あいまい》になることが少し増えたような気がした。それが少しだけ気になったけれど、月日が経過していくにつれて徐々に、医師に処方されたその薬が手放せなくなった。

とはいえ、いつも薬を飲んでいるわけにはいかない。不安が強くなったときだけ飲むようにと言われていたし、そういう副作用があったから、意識をはっきりさせておきたいときにはなるべく飲まないようにしていた。

薬を飲めば気持ちが楽になるだけに、飲んでいないときとの落差が大きくて、それまでの自分が、いかに不安に苛《さいな》まれていたかに改めて気づいたりもした。

自律神経失調症は、めまいを感じる以前から、自分でも気づかないうちに進んでいたのだろう。

薬を飲んでも、自律神経失調症そのものが改善するわけではない。

薬の役割はあくまで、症状を抑えることだから。

次第に、めまい以外にも、さまざまな症状が現れるようになった。

たとえば月曜日の朝、ベッドの中でまどろみながら、今日は仕事に行くのが嫌だなあと思う。それは誰にでもあることだろう。普通なら、それでも身体を起こして顔を洗い、身なりを整えて、会社に出勤するわけだ。仕事を始める頃には、嫌な気分もだいたいは消えている。

だけど、僕の場合はそうならなかった。

事務所に向かう車の中で、心臓の動悸《どうき》が激しくなって、冷や汗が止まらなくなる。具体的に何か問題があるわけでもないのに、不安で心が一杯になって、自分でもどうしていいかわからなくなる。

「ごめん。申し訳ないんだけど、一回、家の方向に戻ってもらってもいいかな……」

運転しているマネージャーにそう言って、仕事に行けなくなるということが何度かあった。

実を言えば、新メンバー五人が加入して、第四章へと突入したあと、あるＭＶ撮影の朝も、僕は撮影現場まで辿《たど》り着くことができなかった。あのときも結局、僕の自律神経の問題でメンバーとスタッフにはとんでもない迷惑をかけてしまった。

撮影前夜は、顔が浮腫《むく》まないようにと酒を控え、早めにベッドに入って落ち着いた気分で眠りについた。しかし翌朝、時間を告げる目覚まし時計の電子音とともに目を醒ましたものの、身体が動かない。起き上がろうとする僕の意思を、心と身体が全力で拒否しているのが、混乱する頭の中でもわかるくらいだった。

正常な人は、大きな不安を感じると、前に書いた交感神経の働きで心臓の鼓動が速くなる。敵が襲ってくるような危険が迫ったら、その瞬間に筋肉を動かせるよう酸素を送り込んで身体が準備をするわけだ。

僕の場合は、何も不安なんて感じてもいないし、不意に敵が襲ってくることもないのに、交感神経が誤作動を起こして心臓の鼓動が速くなる。そのせいで逆に心が不安で満たされる。

現実にその不安が存在しているなら、その原因をなくすか、あるいは、その原因にどう対処すればいいかを冷静に考えて、上手い対処法が見つかれば不安は消える。

けれど僕のは身体の誤作動が引き起こす、いうなれば幻の不安だ。原因なんてない。心臓の鼓動が激しくなって、冷や汗が出て、それで不安を感じるだけだ。幻だから、対処のしようがない。対処できないから、不安は大きくなる。なんで俺はこんなに不安なのかと不安になって、さらに大きな不安に膨らむ。

スイッチをオンにしたマイクをスピーカーに向けると、スピーカーが耳に突き刺さるようなキーンという高音を発することがある。

この現象をハウリングという。

マイクが拾ったスピーカーの音が増幅されてスピーカーから出力され、その増幅された音をもう一度マイクが拾い、それがさらに増幅されてスピーカーから出力され……という永遠のループのようなフィードバックが引き起こす現象だ。このループを放っておけば、スピーカーが壊れるまで音は増大し続ける。

僕の不安もそれに似ていた。幻の不安が僕の中でハウリングを起こし、あっという間にパニックになる。

そういう理屈がいくら頭でわかっていても、心臓の鼓動を自分の意思では止められないように、暴走するパニックを鎮《しず》めることができなかった。

苦しさと罪悪感

あの頃の僕は、薬でなんとか症状を抑え、自分を騙《だま》しながら、できる限りの平静を装っていつものように仕事をしていた。

吐き気がしたり、胸焼けがしたり、目が乾いたり、わけもなくイライラしたり。時には、物を落としたり、飲み物をこぼしたり、どこかに手や足をぶつけたり……これまでにはなかった変調が自分の身体に起こっているのを実感した。

毎日のように身体のどこかしらに現れるそういう不調や不快感は、ボディブローのように僕の精神のバランスを失わせていった。

たとえば40度の高熱が出るとか、床を転げ回るほどの激痛に襲われるとか、耐え難い症状があった方がまだましだとさえ思った。

それなら頑張りようがないからギブアップして休んでいるしかないし、周りにも僕の不調は一目瞭然だから、休んでも納得してくれるだろう。

けれど、それができないわけだ。

なんとか気力を振り絞れば、立っていることはできた。

頭の中は辛いとか、苦しいとか、このまま倒れてしまいたいとか、そういう思いしかないのに。

あの苦しさを、どう表現すればいいのだろう。

フラフラになりながら歯を食いしばって、どうにか最終ラウンドまで耐えてみたものの、いつまでたっても試合終了のゴングを鳴らしてもらえないリング上にいるような感覚とでも言えばいいだろうか……。

いつまでこれを我慢すればいいのかわからなかった。

どうにも耐えられなければ、医師が処方してくれたあの薬を飲んで、なんとかその場をやり過ごす。

けれどその効果は一時的なものだから、しばらくするとまたあの無間地獄《むげんじごく》に引き戻される。

いつまで立っていれば、この戦いは終わるんだろう……。

そう思いながら、日本人特有の「頑張れ！」「気合いだ！」という精神に脅迫されるように、あのときの僕は生きていた。

くたくたに疲れているのに、目だけが冴《さ》えてぜんぜん眠れなくなったり。

入眠剤の力でなんとか眠っても、朝まで悪夢にうなされて、ぼーっとした頭で目が醒めて……。

そんな毎日の繰り返しだった。

厄介なのは、そんな状態でも、周りの人たちの目には、僕が正常に映っていたことだ。そのため僕の苦しみが理解されるのは難しい。

そして、その苦しさにはいつも、罪の意識が伴っていた。

不安があまりに大きくて、さっき書いたMV撮影以外にも、仕事を休んだことは何度かある。

ベッドで一日休んでいれば、少しは気持ちが楽になる。

楽になったらなったで、今度は自分が情けなくなってくる。

ライブのあとなどは特にそうだけれど、疲れが抜けなかったり、身体のあちこちが痛かったりするのは僕だけじゃない。ステージ上でのパフォーマーチームの運動量はプロスポーツ選手に匹敵する。身体にかかる負担は半端ないはずだ。

それでも仕事があれば、よほどのことでもない限り、誰も休んだりはしない。少しくらいの痛みや不快感なら、我慢するのが大人ってもんじゃないか。

いや実際には、あの酷いパニックを起こしていたときは、とてもじゃないけれど仕事に行けるような状態じゃなかった。だけど喉元《のどもと》過ぎればなんとやらで、そのパニックがおさまってしまうと、もう少し頑張れたんじゃないかと自分を責め始める。

なぜ休んでしまったのか。まるで仮病でズル休みする子どもじゃないか。

僕には根性が足りないんじゃないか？

自己嫌悪が襲ってくる。

そして、罪悪感に苛まれる。

今ならはっきり言ってやれる。

しっかり休め。今のお前はそうするしかない。

そうしなければ、この苦しさはいつまでも続く。

やがてはハウリングを起こしたスピーカーのようにぶっ壊れるだけなのだから。

なぜ自分が自律神経失調症になったのか。

僕にとっての、ほんとうのストレスは何か。

それがわからない限り、本質的な問題を解決しない限り、癒やされるはずはなかった。それが現実だ。

今ならそれがわかるのだけど、あの頃の僕にはそれがわからなかった。


自律神経失調症は他の病気と違って、調子のいいときとそうでないときの差がとても大きい。ここまで読んでくださった方は、２０１４年のソロライブの頃から僕がずっと苦しみ続けていたように思われるかもしれない。けれど決してそういうわけではなくて、パニックに襲われることなく普通に過ごせる日もあるのだ。

薬の助けがあったということも大きいけれど、それだけじゃなく。

たとえばライブのステージで何万人というお客さんの笑顔を見ると、それまでの憂鬱《ゆううつ》が一瞬で吹き飛んで、歌う喜びだけで心が一杯になる。この仕事をしていてよかったと心の底から思う。

あるいはそのツアーを成功させて、メンバーやスタッフとの打ち上げで「お疲れさん」の乾杯をしているとき、僕の心の中に不安の影は一ミリもない。そこにはみんなと何かを成し遂げた喜びだけがある。病気のことはすっかり忘れてしまっている。

そういう一日が、ないわけではないのだ。何日間か続くこともある。

ただ、それは病気が治ったわけではない。だから厄介なのに、周りの人には普通に映っている。

その頃の僕は、毎朝目を醒ますたびに、目の前で手をゆっくり動かしたりしながら、恐る恐るその日の体調を確かめた。

（今日は、どっちかな。動ける日か、動けない日か。めまいはなさそうだけど……。動ける可能性が0パーセントじゃないなら、仕事へ行かなくちゃな）

毎日が丁半博打のようだった。

博打なのだから、負けのときはつまり心も身体も思うようにコントロールできず、仕事をしていても失敗の連続だった。そんなときは、とにかく薬を飲んで、一日を乗り切っていた。

調子のいい日があって、もしかしたら治ったんじゃないかと淡い期待を胸に抱いた途端、なんの前触れもなくふたたびそれはやってきた。

心臓の鼓動が激しくなったり、吐き気がしたり、めまいで立っていられなくなったり。すっかり馴染《なじ》みになった、あの「嫌な」感覚が戻ってくる。そしてこの何日間かの好調が嘘だったかのように、元の精神状態に一瞬で戻ってしまう。

嵐は過ぎ去ってなんかいなかった。

しかもその台風は、繰り返し、繰り返し、僕を襲ってきた。

そんな風にして、僕は自律神経失調症を悪化させていった。

やがて最悪のことが起きてしまう。

声が出なくなった。

2015年の暮れのことだ。

歌手として最悪の事態に直面したわけだけれど、今にして思えばあのトラブルがなかったら、あんな思い切ったことはできなかった。

第三章　トンネルの向こう側

もうひとつの理由

あたりまえの話だけど、心と身体はつながっている。

僕の心は身体に変調を起こさせることで、それを知らせようとした。

自律神経失調症は、つまり僕の心の悲鳴であり、「僕の心」が「僕の身体」に送ったサインなのだ。

けれど僕は心が必死でサインを送っているのに、何も手当てをしないまま、気づかないフリをし続けていた。

いや、正確には、まったく何もしていなかったわけではない。

これも今にして思えばということだけど、以前から僕は僕なりに、自分は何者かという問いへの答えを探してもがき苦しんでいた。

そして、なんのために歌っているのかという、答えのないような哲学的な問いと、常に向きあっていた。

「日本の心を唄う」という、僕の音楽活動の新境地を見つけたのもあの時代だ。

親友に子どもが生まれ、出産祝いのプレゼントに『ふるさと』という童謡を歌ったのがきっかけだった。

童謡を歌ったのは歌手になってからは初めての経験だったけれど、歌詞の世界観と日本文化独特のメロディーが妙にしっくりきて、自分の中のＤＮＡをも感じるような、その音楽のすべてが全身の細胞レベルにまで響いてきたのを憶えている。

久石譲さんに作曲していただいて作った『懺悔』と『天音』も、ピアニストの辻井伸行さんとの『それでも、生きてゆく』も、美空ひばりさんの『愛燦燦』のカヴァーも……。

僕はそういう曲をＥＸＩＬＥ ＡＴＳＵＳＨＩとして歌ったわけだけれど、グループのメンバーと一緒にステージに立っているときとは歌い方が違うのはもちろん、歌っているときの心のありようもずいぶん違っていた。

それは自らの音楽スタイルを主張する作為的なものではなかったし、その必要もなかった。ただ身体から素直に声を発し、曲に導かれながら、できるだけ自然に音が響き渡るようなイメージで歌っていただけだ。

気づけば、これまで体験したことのない感覚を見つけていた。

そうして童謡を歌うことで、歌手としての自分が何者なのかを、僕は確かめていたのだと思う。

自律神経失調症と診断されるきっかけになった、あの２０１４年のソロライブツアー〝Ｍｕ

s.ic〟の際は、体調を崩して苦しみながら、また別の問いと向きあってもいた。

あのツアーに臨んだときは、自分がEXILEの中でどんな存在で、何者なのかを確かめるという気持ちが強かった。EXILEのメンバーは僕以外、誰もステージに立っていなかったから。

だから僕は敢えて、ソロのライブの後半に、EXILEの曲をメドレーにして一人で歌うことを選択した。もちろん、ソロのライブに来てくださったお客さんが喜んで盛り上がってくれるだろうという期待もあったからだけど、もうひとつ大きな理由として、自分にEXILEを背負えるかどうか、ということを確かめたかったんだと思う。

ほんとうは、一人で背負う必要なんてないのに……。

みんなで支えあってこそのEXILEだ。

なのに、僕はやたらと気負っていた。気負い過ぎた。

僕の初めてのソロのアリーナツアーということもあったけれど、それだけでなくEXILEたるものとして、自分自身の存在を身をもって体現したかったのかもしれない。

EXILEのATSUSHIとは何者かを、今までのすべてを、このステージに懸けてみせる。

はっきりとそう考えていたわけではないけれど、やはり心の底にはそういう強い思いがあったのだと思う。

これが前の章に書いた、あのツアーで僕がやたらと気負っていた「もうひとつの理由」だ。

だから僕はあり得ないくらいの無理をした。直接的にはその無理がストレスとなって、めまいと吐き気に襲われて、自律神経失調症の症状がもろに表に出てしまったのだ。

つまり僕の心が悲鳴を上げたわけだけど、残念ながら僕は耳を塞いでやり過ごそうとして、その心の叫びを聞こうとしなかった。

自律神経失調症は、完治させるのが難しいと言われる。疲れやストレスをできるだけ溜め込まないようにして、どうしても辛いときは薬で症状を和らげる。それが、いわゆる基本的な治療方針。

診断を受けてからの僕は、できる限りその治療方針に従った。自律神経失調症と一生つきあっていかなければならないと覚悟もした。

その覚悟自体は間違っていないけれど、それだけで済ませてしまって、僕は自分の心としっかり向きあおうとしなかった。つまり、ＥＸＩＬＥと自分の関係を曖昧にしたまま、ＥＸＩＬＥのＡＴＳＵＳＨＩであり続けたのだ。

そのツケが溜まって、それが翌年２０１５年に全20公演開催されたドームツアー『EXILE LIVE TOUR 2015“AMAZING WORLD”』で表面化した。

前に書いたように、この年の暮れにはMATSUちゃん、USAさん、MAKIDAIさんの三人がパフォーマーを卒業することが決まっていた。

自分の弱さを告白するようだけど、その日が近づくにつれて、僕の心は寂しさに蝕《むしば》まれ、不安定になっていった。

EXILEは第四章に突入して、最初六人だったEXILEは、その3倍の十八人に膨らんでいた。その急激な変化に心が追いついていないのに、追い討ちをかけるように三人がステージから去ろうというのだ。

もう自分のアイデンティティがどこにあるのかもわからなくなっていた。

その事実をどう受け止めたらいいか、心の整理がつかないままに、そのツアーは無情にも始まってしまった。そして僕は、彼ら三人にとって最後のツアーのステージに立った。

なぜATSUSHIは歌うのか?

「なんだか……声が上手く出せないんだ。これまでみたいに、思い通りにコントロールできないっていうか」

メンバー会議で僕がそう告白すると、誰もが首をかしげた。

「そんなことないんじゃないかなあ。ちゃんといつもの通り歌えてると思うけど……」

「気合い入り過ぎて、力が入ってしまっただけじゃないですか？」

みんなが、少し言葉を濁しながらも、励ますつもりで言ってくれているのはわかっていた。けれど、その励ましさえもが、僕には辛かった。

声が出ていないのは、自分自身がよくわかっていることだ。歌っていて息がきついし、呼吸が続かない。僕はボーカリストとして、大きな危機を感じていた。

自律神経失調症だということは会社に伝えていた。メンバーの間でも、その噂《うわさ》は流れていたに違いない。

僕自身も、自分が自律神経失調症になるまでは、なんとなくそれを単なる気持ちの病だと思い込んでいたからわかるのだ。鬱病もそうだけど、自分が経験しない限り、ほんとうのところは誰にもわからない。周囲に理解してもらうのが実に難しい病気だ。

自律神経失調症や鬱病の原因の多くが、心の状態にあるのは間違いない。

けれど身体に現れるさまざまな症状は、決して気のせいなどではない。

そして何よりも、「気の持ちよう」だけで治せる病では絶対にない。

自分がそうなるまでは、僕自身もそれがわからなかった。それが他人事《ひとごと》であるうちは。酷い言い方をすれば、「根性が足りないんじゃないの」くらいに考えていた。

くよくよ気に病むのをやめて、自分一人で抱え込まないで、何事もポジティブに考えれば、自律神経失調症も鬱病も治るに決まってる。つまり、うじうじ悩む性格だから、そんなことになるのだ、と……。

僕自身がそう思っていたのだから、みんなを責めることはできない。

彼らにしてみれば、僕の気持ちをなんとか楽にしようとして、そう言ってくれていたのだから。

「ATSUSHIの歌は最高だよ。もっと自信を持ちなよ」と。

今はその気持ちを嬉しく受け止められる。

だけど、あのときはそれができなかった。

声が出なくなったのは、そのときが初めてではない。

SHUNちゃんが辞めることが決まった頃、僕の喉にポリープができた。

あのときは、キャプテンが僕すら気づかなかった微妙な声の変化を指摘してくれたことで、早いタイミングで治療することができた。

手術のために休むときにも、みんなに申し訳ないという気持ちはあったけれど、ポリープには実体がある。

だから、みんなわかってくれたし、僕も病気なんだから仕方がないと割り切ることができた。ただ、今回の「声が出ない」というのは、あのときとは状況が違っていた。検査しても、ポリープのような実体のある病変は見つからないわけで……。

今考えれば声が出ないのは、ひとつの大きな原因として、息が吸い難くなっていたからだ。当時の僕は、交感神経が活発になり過ぎていて、気づけばよく深呼吸をしていた。生きているなら普通にする呼吸すら上手くできなくなっていたのだ。

発声には背筋《はいきん》が重要な役割を果たす。その背筋がガチガチに固まっていて、肺に上手く空気が入っていかなかったんだろうと推測できる。ブレスが上手くできないから、息が続かない。だからもちろん声も続かないし、自分の思い通りに歌えない。

その症状は次第に酷くなって、歌手としてはあり得ないくらい声が出なくなっていた。自分ではそれをはっきり感じているにもかかわらず、いくらそのことを説明してもメンバーにもスタッフにも理解してもらえている気がしなかった。

言葉では「わかった」と言ってくれるのだけど、それなのに「でも、ちゃんと歌えているよ」と言われてしまうと、僕の言っていることをみんなが本気で受け止めていないんじゃないかと疑心暗鬼にまでなった。それが被害妄想なのは、今ではわかるけれど。

これが自分の思い込みではないことを、みんなにわかってもらいたくて、僕はいつも苛立っていた。

歌えなくていちばん辛いのは僕だ。

ここにいる誰よりも、僕自身が歌いたい気持ちで一杯なのだ。

その僕が「声が出ない」と言っているのに、なぜ向きあってくれないのか。

「ＡＴＳＵＳＨＩの言うこともわかるけど、三人の最後のステージだし、それでもなんとか頑張ってもらえないか」

これが、みんなの一致した気持ちだった。

なにしろ、これは三人のパフォーマーにとって有終の美を飾るラストツアーなのだ。

そう、僕はその大切なツアー中のメンバー会議で「声が出ないから、これ以上公演を続けられない」と言ったのだった。


無理したってやらなきゃいけないのは、僕自身もわかっていた。完全に声が出せないというならともかく、少しは声が出ているのだから。

そんなことは僕がいちばんよくわかってる。

現在のＥＸＩＬＥのメンバーの中で、ＭＡＴＳＵちゃん、ＵＳＡさん、ＭＡＫＩＤＡＩさんの最後のツアーの成功を、誰よりも強く願っているのはこの僕じゃないか。

そんな僕が「もうできない」と言うことが、どれだけ深刻な事態なのか、誰にも理解してもらうことはできなかった。

話せば話すほど、自分が責められている気がした。

やがて「最後だからやろう」という話がまとまって、メンバー会議の流れは公演開催の方向に進んでいった。

誰かが僕を気遣うようにこう言った。

「今は音響設備《ＰＡ》の性能が素晴らしく上がっているから、ＡＴＳＵＳＨＩが自分の声で納得できない部分は、ＰＡさんの技術でリカバーしてもらうこともできるんじゃない？」

その瞬間、僕は黙って席を立って、会議室を出た。

それ以上、その場にいられなかった。

音響機器の性能頼りでライブをやろうとするなんて、僕の歌手としての人生を自分で終わらせるようなものだ。

機械がなんとかしてくれるなら、僕が歌わなくたっていいじゃないか――。

ＨＩＲＯさんがすぐ追いかけてきてくれた。

「ＡＴＳＵＳＨＩ、無理にやれっていうことじゃないから……」

どうしても僕が無理だと言い張るなら、中止もやむを得ないとＨＩＲＯさんが腹をくってくれたのはわかった。

その覚悟を聞いてしまっては、もうそれ以上、嫌とは言えなくなった。

「……大丈夫です。なんとか、やってみます」


そしてライブは敢行された。

ステージに上がる直前まで、僕は不安に苛まれ、悔しくて泣き叫ぶ心を必死でなだめていた。

実際にPAのスタッフがどれだけの技術を駆使して僕の声をサポートしてくれたのか、観客席で聞いていなかった僕には知る由《よし》もない。ツアー中、その時々のコンディションで、精一杯をつくす以外にできることはなかった。

あの日の気持ちを文章で表現するのは難しい。

いろんな思いが錯綜《さくそう》していた。

でもやはり大きかったのは、僕が歌手として最も大切にしているものを、自らの手で壊したという決定的な絶望だった。

歌手として何があってもこれだけはやりたくないと思っていたことを、禁断の領域に属することを、僕は結果としてやってしまったのだ。

無理にやらされたとは思っていない。最終的に、やるという決断をしたのは僕だから。三人のためにライブをやり遂げなきゃという思いは、誰よりも僕が強かったと思っている。

お客さんの笑顔と歓声にも励まされて、時折、笑顔になっている自分にも気がついた。

それでもそのライブが終わったとき、いつものようにメンバーやスタッフが「お疲れー！」「イエーイ！」とハイタッチをしたり、陽気に声をかけあったりする輪の中に僕は入れなかった。

やっぱり、どうしても、その日のライブに納得できなかった。

お客さんには、心から申し訳ないと思う。

会場を埋めたお客さんたちが、あの日感じてくださった喜びや思い出に水を差すことだけはできないので、どの公演だったかをここに書くことは控えさせていただきたい。

そんな不甲斐《ふがい》ない僕の歌に、精一杯の声援を送ってくださった方々の気持ちまで傷つけたくはないけれど、ライブ終わりの達成感に満ちたあの独特な雰囲気の中で、僕は誰にも「お疲れさま」の言葉をかけることができないまま、心の中でこう思った。

（何がイエーイだよ！　何がお疲れだよ……）

その瞬間、張り詰めていた糸がプチンと音を立てて切れたのがわかった。

もう、ここにはいられない。

僕は目の前にあったパーテーションを蹴り倒して、無言でその場から立ち去った。

バーン‼　という衝撃音とともに、その現場の空気が一瞬で凍りついたのはすぐにわかった。

でも、僕の気持ちに気づいてくれと叫ぶこともできず、あのとき僕にできるギリギリの抵抗で、あれが精一杯の、僕からみんなへのサインだった。

それまで酒で乱れたことはないと書いたけど、この時期だけは例外だ。

想像するのもオソロシイことだが、壁に向かってシャンパングラスを投げつけたことさえあったらしい。「もう無理だ！」と叫びながら……。

「らしい」というのは、あとからそういう話を聞かされて知ったことで、記憶がほとんどないからなのだけれど。

精神的にも肉体的にも追い詰められていた。

自律神経失調症の症状が進み、挙げ句の果てに声まで出なくなったのだ。

僕は、ただ純粋に音楽が好きで、歌を唄うことが好きなボーカリストだ。

歌うことだけに、すべてを捧《ささ》げて生きてきたつもりだ。

僕は自分の信念を、血と肉を、あの日のステージに捧げた。

自分の意志でそうした。

それでも、心の中には怒りしか湧いてこなかった。

誰に対しての怒りなのかはわからない。自分への怒りなのか、他の誰かに対する怒りなのか。

それさえもわからなかった。

もう、このまま歌い続けることなんてできない。

ＥＸＩＬＥを辞めるか、死ぬか……。

どちらかしかない。

大袈裟と思うかもしれないけど、僕にとって、当時のＥＸＩＬＥを辞めることは切腹するような感覚と似ていた。つまり、自分への、そして仲間たちへの裏切り行為のように思っていたのだ。

これ以上、ＥＸＩＬＥを続けられない。

そう思った次の瞬間には、死ぬことを考えていた。

死ねば、ＥＸＩＬＥを辞められるから。

死ねば、伝説になれるかもしれないから。

流行の命は短い。

どんなに流行《はや》った歌も、時間が経てば、やがては過去の曲になる。

30年、40年と人々に愛され、歌い継がれる曲もあるけど、それはごく稀《まれ》な例外だ。

けれど、もし今この命が終われば、僕の歌った曲たちは、少しばかり輝きを増すかもしれない。もうこの世にいない人間の歌として。

僕が死ねば、僕の伝えたい思いが、世の中にもっと強いメッセージとして残るんじゃないか。

そんなことまで考えてしまった。

僕はいつも、音楽を作ることに対しては、そのくらい真剣に向きあっている。

いや、自分の伝えたいメッセージは、心の奥深くから湧きあがってくる優しさから生まれていると信じているから、と言った方が正しいかもしれない。

あるときは、自分の命よりも――。


あのまま何もしなかったら、いったいどうなっていたことか。

最悪の結末にならなくて済んだのは、ほんとうに紙一重の差だった。


ふと思い出したのだ、ずいぶん昔に抱いた夢を。

海外留学をする夢だ。

深呼吸の必要性

15年近くも昔、EXILE第一章の頃の話――。

「いつか留学してみたい」

僕は無邪気にも、他のメンバーによくそう言っていた。

留学はずっと昔からの、子どもの頃からの夢だった。

僕が初めてその話をしたとき、SHUNちゃんが少し驚いた顔をしたことを憶えている。

友だちに自分の夢を語るのはいいことだ。

もやもやとした自分の思いが、少しだけはっきりとした夢という形になるから。

だからといって、大人になってからの留学なんて、すぐにその夢を実行に移せないことはわかっていた。

けれど僕らの選んだ仕事ならもしかしたら可能かもしれない、という淡い期待もあった。アーティストの中には長い休暇を取る人もいるのだ。それに仲間の前で口に出してしまった以上、いつかは実現させなきゃ格好悪い。彼らがどんな思いで、その話を聞いていたかは別として……。

こうして、いつか留学したいという漠然とした夢は、仲間に話すことで、将来の漠然とした計画として僕の心に刻まれた。

プロの歌手として、初めて唄ったのは英語の歌だった。

僕たちがＥＸＩＬＥになる前、ある日の昼過ぎに、J Soul Brothersの暫定的なメンバーとして初めてスタジオで翌朝までかけてレコーディングした。

あるＴＶドラマの挿入歌で、最初は僕たちのクレジットも入らなかったため、放映直後から誰が歌ってるのかという問い合わせが殺到した。

それが『Your eyes only～曖昧なぼくの輪郭～』で、急遽《きゅうきょ》ＣＤがリリースされることになり、それがひとつのきっかけになってＥＸＩＬＥは誕生する。

けれど、英語で歌うことと、その英語の歌詞に心からの感情を込められるかどうかはまた別の問題だ。

たとえばライブ会場などで、バンマスのキャプテンは僕によく"Love you, man!"と声をかけてくれる。お前のこと愛してるよ！　と。

日本語だと同性同士ではあまりそういうことは言わない。英語ネイティブの彼の口から出ると、その言葉はとても自然に僕の耳に響く。いつも勇気づけられているし、やたらと格好いいので、いつか僕も言ってみたいと思っているのだが、ずっとそれができずにいる。

キャプテンの口調を真似して、"Love you, man!" と言うことはできる。だけど、その言葉に心が乗らない。

だから僕が "Love you, man!" と言ったとしても、きっとなんだか薄っぺらで嘘くさく聞こえるに違いない。

感情のこもらない言葉は、コンピューターが話す言葉のように空虚だ。どんなに発音が上手くても、感情がこもっていなければ、人の心は動かない。

歌うのもそれは同じで、だから僕は英語の歌も日本語の歌と同じように、心からの感情を込めて唄える歌手になりたかった。

心から I love you と歌えるようになりたかったのだ。

いつかタイミングがきたら、本場アメリカに留学して彼らの「言葉」と「心」を理解できるようになりたい。

そう心の中でずっと思っていた。

けれど、いつしかそれは叶わぬ夢になった。

叶わぬ夢になったのは、現実がそんなに甘くなかったからだ。

ＥＸＩＬＥは瞬く間に世の中に知られるようになった。デビューから2年後のアルバム『EXILE ENTERTAINMENT』はミリオンセラーを記録し、毎年のツアーでは武道館や各地のアリーナを観客が埋めつくすようになる。

『Your eyes only』をＳＨＵＮちゃんと初めてスタジオで歌ったあの日に比べたら、僕たちはモンスターのように巨大化していた。

そして留学は夢物語になった。

ＥＸＩＬＥはメンバーだけの力で動いているわけではない。

ツアーだけでも、あれほどの大規模なエンタテインメントをサポートしてくださるミュージシャンやスタッフをすべて数え上げたら数百人にもなるだろう。

そういう意味ではＥＸＩＬＥ自体がひとつの会社みたいなもので、僕の留学はひとつの会社の営業活動を1年以上停止するのに等しい話なのだ。

それだけの長い期間、会社を止めるなんてできるはずがない。他のメンバーはもちろん、その何百人ものスタッフにも活動を休止させることになる。

留学したいという夢は心の片隅に追いやられ、手を伸ばしても決して届かない虹のようなものになった。

ＥＸＩＬＥを辞めるか、死ぬか……極限まで追い詰められたとき、僕はその夢を思い出したのだ。

それを実行に移そうと思った。

不可能に思えた夢だけど、死という選択に限りなく近づいていた僕にとって、それは不可能でもなんでもなかった。

だって、死ぬよりはマシだから……。

そう思えたから。

アウトプットとインプット

表現者としての仕事において、詞を書くにしても歌うにしても、アウトプットとインプットのバランスが重要だ。

もの作りに取り組むのは楽しいけれど、夢中になってその仕事を終えたあとは、自分がすっからかんの空っぽになった気分になる。

空っぽになったらどうするか。

息を吐いたら吸わなきゃいけないのと同じで、今度は徹底的に何かを吸収したくなる。音楽を聴いたり、映画を観たり、旅をしたり、走ったり、あるいは人と話をしたり……。人によって手段は違っても、表現者ならたいていそれぞれの息を吸う術を持っている。

普通の言葉で言うなら気分転換とかリセットとか。

でも本人の気持ちとしてはもう少し切実だ。息を吐くだけで、吸うことを忘れてしまったら死ぬしかないわけだから。お腹を空かせた子どものように、必死で何かを吸収しようとする。

僕も仕事の合間に、あの手この手でそういうことをずっとやり続けていた。ちょっとでも自分にプラスになるかもしれないと思えたら、すぐに試すようにもしていた。

ただ、もはやそれだけでは足りなくなっていた。

ＥＸＩＬＥの結成以来、毎年のように詞を書き、歌い、アルバムをレコーディングして、ツアーを周り、歌番組に出演し、インタビューを受け、その隙間のわずかな時間に、クロールの息継ぎみたいに顔を一瞬だけ水面に持ち上げてせわしなく息を吸い……。

そういう生活を15年間続けながら、ＥＸＩＬＥという僕のアイデンティティが、幾度もその姿を変えるのに立ち会ってきたのだ。

吐いた息に比べて、吸った息の量はまったく足りていなかった。つまりは酸欠状態だ。

その変化に心を慣れさせるために、静かに考える時間が必要だった。

せかせかした息継ぎではなく、大きく深呼吸しなきゃいけなかった。

仕事を忘れ、息を吐き続けるのをやめて、何かを吸収するまとまった時間を僕は必要としていた。

留学してこの辛い状況から抜け出したいという切迫感もあった。

逃げ出したと思われるのは嫌だけれど、留学というポジティブな理由があるのだから、それも仕方がないと割り切ることができた。

逃げるのではない。

いや、逃げたっていいじゃないか。

そのときの僕は思っていた。

前に進むために留学するのだ。

僕は36歳になっていて、40歳は目前に迫っていた。

留学するチャンスは、これが最後かもしれない。心の底からそう思えた。

責任の重さと夢の大きさ

こうして僕は休養と留学を決意し、メンバー会議でみんなに伝えた。

2016年、EXILE ATSUSHIとしてのドームツアー"IT'S SHOW TIME!!"が

始まる直前のことだ。

「残念だけど……」と前置きして、それでもＨＩＲＯさんは僕の決断を受けいれてくれた。もちろん事前に相談して、二つ返事というわけではないけれど、最終的にはわかってもらっていた。

そういうときのＨＩＲＯさんの度量の大きさには、いつも救われている。

いちばん大変なのはＨＩＲＯさんだったはずだ。

僕が留学するというだけの話ならまだしも、ＥＸＩＬＥが活動を休止することになるわけだから。

僕の留学を叶えるために、ＨＩＲＯさんがしてくれたことの大きさを考えると胸が詰まる。どれだけ感謝しても足りない。

その感謝の気持ちは、他のメンバーやスタッフに対しても同じだ。

僕のワガママを彼らはこころよく許してくれた。

いや、こころよくかどうかはわからない。賛成できなかった人も、不満に思った人もいたはずだ。悔しい思いもさせてしまっただろう。

けれど、当時の僕はまさにギリギリの状態だった。それがどこまでメンバーやスタッフに伝わっていたかはわからないけれど、そういうところまで気を回すことができなかった。

あのときの僕に、それがどうしても必要だったからだ。

他に選択肢はない、というところまで追い込まれていたのも事実。

その確信は今も揺るがない。

彼らに対する責任よりも、僕が自分の命と夢を優先させたのは事実だ。

いつだってほんとうは、人生の時間はその人だけのものだから、どうやって生きるかという選択をする権利は、その人だけにある。日本という国では時に、義理、人情、思いやりやおもてなしの感覚が強くなり過ぎて、その事実を忘れてしまうことがある。

しかし僕の場合は、メンバーを想いやったり、スタッフの気持ちを考えたりする心の余裕はなかったという言い訳の方が正しいかもしれない。

まして僕はそのとき、かすかな希望の光を掴みかけていたのだから。

イップスと引退

留学を決めたからといって、自律神経失調症が完治するわけではない。

声の調子は一進一退で、何事もなかったような好調の時期がしばらく続いたかと思えば、その直後に2015年のツアーのときのように歌手としてはあり得ないくらい声が出なくなる、ということの繰り返しだった。

人生の皮肉なのか、それとも必然なのかはわからないけれど、メンバーに留学を伝えたそのメンバー会議のすぐあとに控えていた初のソロでのドームツアーを前に、またしても上手く声が出せなくなっていた。


2016年5月28、29日の京セラドーム大阪での2公演からスタートし、6月11、12日愛知ナゴヤドーム、6月17、18日福岡ヤフオク！ドーム、7月2、3日埼玉西武プリンスドーム、8月27、28日東京ドーム、そして最終日9月3日の北海道札幌ドームまでのツアー11公演。日本を代表するこの六つのドームライブを成し遂げたのは、日本人のソロアーティストとして史上初になるらしい。

その初日、京セラドーム大阪の公演の2週間くらい前から、またしてもあの嫌な感じが戻ってきた。

公演前日には、声が出なくなった。特に高音域はまったく駄目だった。2015年にパフォーマーの三人が卒業したときと同じ症状。話す声さえもかすれていた。悪夢の再来だった。

スポーツ選手によく知られたイップスという心因性の症状がある。

ゴルファーが勝負を決める重要な局面で緊張のあまりパットが打てなくなるとか、野球のピッチャーがバッターを前にするとどうしてもストライクが投げられなくなるとか、そういうものだ。

イップスの恐ろしいのは、それが癖になるところだ。大切な場面で常にこの症状に見舞われるようになれば、もう勝負はできない。それで引退を余儀なくされたスポーツ選手は少なくない。

僕の「症状」もそれとよく似ていた。

ストレスやプレッシャーにまったく勝てない身体になっていたのだ。

一生この症状が続くなら、歌手を続けていくことなどできはしない。ライブツアーの前に必ず声が出なくなるなんて、もう引退するしかないじゃないか。

明日の公演は中止するしかない。

僕は一人でそう決断していた。

2015年のツアーで感じた、あの無様な思いは二度としたくない。

しかも今回は、EXILEではなくて、僕自身のソロライブだ。そこは僕自身が責任と決定権を持たなければならない。

声がこんな状態である以上、他に方法はない。

ライブ直前にそんなことを言い出すなんて、いったいどれだけの数の人に迷惑をかけることになるか。それはよくわかっていたけれど、あの状態でお客さんの前に立つことなどとても考えられなかった。

前日のリハーサルを早々に切り上げ、僕はホテルに引きこもった。

最終的な判断はとりあえず翌朝もう一度、声の調子を確かめるまで持ち越すことにはしたけれど、気持ちはほぼ固まっていた。

ライブを楽しみにしていてくださるたくさんのお客さんを失望させることはわかっていたけれど、僕の酷い声を聞かせたらもっと失望させることになると思った。

その夜、僕は身近なスタッフと一人の尊敬する先輩を前に、中止する旨を伝えた。

アナウンサーの宮根誠司さんがそのライブを観に来てくださることになっていたので、宮根さんにもメールを送った。

「ちょっと声が出なくなってしまって、明日の公演は中止することになりそうです」と。

彼らと話さなかったら、ライブ初日は、いやあのドームツアーそのものが幻になっていたかもしれない。

「アッシ君には、貯金があるんじゃないかな」

黙って話を聞いていた先輩は、僕にそう言った。

「これはファンの人たちに失礼な意味で言うわけじゃないけど、アッシ君には貯金があると思う。今までの活動の意味やメッセージ、その内容は、きっとたくさんの人たちの胸に届いているはずだよ」

それは歌手としての貯金のようなものだから、明日はその貯金に頼ってもいいんじゃないか、と先輩は言うのだった。僕が思っているより声の状態は悪くないとか、頑張ればなんとかなるなんて慰めの言葉とはまったく違うものだった。

「貯金」という喩《たと》えには意表を突かれたけれど、なるほどそういうものかもしれないと思った。そういう考え方をしたことはなかった。

お客さんに感動を届けられなければ、ライブをする資格はないとシンプルに考えていた。もちろん今までだって、必ずしもすべてのお客さんを感動させられたわけではないだろう。けれど少なくとも、感動を届けるという気概もなしにステージに立ったことは一度もない。どこにでもいる佐藤篤志という男が、ＡＴＳＵＳＨＩとして何万人という観客の前に出られるのは、歌が唄えるからこそだ。

けれど先輩は、今回は貯金に頼ったらどうかと言う。

今までATSUSHIの歌を好きでいてくれた人たちが、一度や二度の失敗で見捨てることはない。たとえ上手く歌えなくても、いや歌えないときにこそ支えてくれるファンもきっとたくさんいる。もしもATSUSHIが自分のファンを心から大切に思っていて、彼らとのつながりを信じているなら、言葉は悪いけれど、苦しんでいる今こそ、ファンの方たちの気持ちを信じるべきときなんじゃないか、と。

不思議なもので偶然、宮根さんも別の言い方で、同じ意味のことを言ってくださった。

「大阪の人間は、アッシ君が来てくれて、ステージに立ってくれるのを見られるだけでええんやで」

関西弁の「ええんやで」が優しく響いて、妙に張り詰めて、凝り固まっていた僕の心を解きほぐしてくれた。

おかげで朝まで考え抜いて、不完全な状態でライブをするなんて考えてみたこともなかったけれど、それでもステージに立とうと心を決めることができた。

みんなを失望させてしまったら、その場できちんと謝ればいい。

公演を中止して「ごめんなさい」というコメントを出すよりも、その方がずっといいと、そのときは思えた。

そして——、その日のライブは一生忘れられないものになった。

最初の演出プランでは、ライブの始まりは何も語らずに歌い始めることになっていた。その通りにすべきかどうか、考えなかったと言えば嘘になる。

けれど、やはりどう考えても、「今日はちょっと喉の調子が悪いので上手く歌えないかもしれません」なんて、最初に言い訳してから歌うなんてできるわけない。

予定通りに僕は歌い始めた。

かなりのお客さんが不審に感じたに違いない。

気づかないお客さんもいたとは思うけれど、少なくとも3分の1、いや半分くらいのお客さんは何かが変だと感じたようだった。その証拠に「機材の調子がおかしいのかと思った」と、観に来てくれた友人にあとから言われたりもした。

あまりにも声が出ていなかったのだろう。

ステージにいても客席が動揺しているのがわかる気がしたけど、そのまま歌い続けた。4曲目を歌い終えたところで、ようやくMCを入れることができた。

声が思うように出なくなったこと、今朝まで中止するかどうか迷っていたことを告白した。声が出せない理由は、ゲネプロで気合いが入り過ぎて声を出し過ぎたからと話すにとどめたけれど。

「スタッフの皆さんと相談した結果、そのATSUSHIでも皆さんが受けいれてくださるという願いを持って、ステージに立つべきなんじゃないかと……。多少お聞き苦しいところもあるかもしれませんが、精一杯誠意を込めて、愛を込めて、自分の歌手人生を懸けて、今日のステージに立とうと決めました」

プロとしてあるまじき行為であることは間違いない。

ドームを埋めたお客さんたちがどんな反応をするかはまったくの未知数だ。今日という日を待ち続け、ステージに立った歌い手が声を出せないと知ったとき、僕だったらどんな気持ちになるのだろう。落胆のため息をつくだろうか。それとも早々に席を立つのだろうか……。

申し訳ない気持ちで一杯だった。

もしもブーイングの声が聞こえたら、そこでいさぎよく土下座でもなんでもしようと決めていた。

話し終えると、ドーム全体の雰囲気が一変していた。

僕が恐れていたもの、ブーイングはおろか、失望や落胆の気配はどこにも、ひとつもなかった。

聞こえてきたのは……温かな拍手だった。

あのときの大きな歓声と拍手、僕の名前を呼ぶ声、そして流してくれた無数の涙を、僕は一生涯忘れることができないだろう。

気遣ってくださるファンの皆さんの想いの深さ、その優しさに、直接指で触れることさえできそうな気がした。


それはＥＸＩＬＥ ＡＴＳＵＳＨＩとなってからの15年間で、初めて味わう感覚だった。

歌えなくても受けいれられていると感じたときのあの気持ちを、どう言い表せばいいのだろう。腹の底から何か熱いものが満ちてくるあの感じを。

それは、子どもが無条件に親から愛されていると感じているときの、絶対的な幸福感に似ているかもしれない。

母親は胸に抱いた幼子をただ愛している。

幼子はただそこにいるだけで愛されている。

他の誰である必要もない。

ただ自分は、自分としてそこにあるだけでいい。

自分のすべてを認め、受けいれてくれているというあの感覚……。

会場を埋めつくすファンの方たちから僕が受け取ったのは、そういう無条件の愛に近い何かだった。

僕が恐れていた通り、高い声はまったくと言っていいくらい出ていなかった。

けれど、僕が恐れていたように会場が静まり返ることはなかった。曲によってはお客さんたちが、歌えない僕の代わりに歌ってくれた。弾き語りのコーナーでは、小田和正さんのカヴァー曲『言葉にできない』のサビ、あの「ラララ」のところを歌ってくれた。僕の声が出なくなればなるほど、客席の声は大きくなった。

それだけでなく。バンドやコーラスのメンバー、会場のスタッフの方たちまでもが、いつも以上に力強く僕を支えようとしてくれているのを痛いくらいに感じた。衣装替えでバックステージに降りる僕の背中にそえてくれたスタッフの掌《てのひら》の感触さえも、いつもより優しい気がした。

昨日、リハーサルを途中でやめたとき、自分が感じていたあの孤独はいったいなんだったのだろう。

何万人ものお客さんが待ってくれていて、バンドやコーラスのメンバーとは2ヶ月も前から一緒にリハーサルを繰り返していて、こんなに壮大で美しいステージが用意されているというのに、それを僕一人のせいで中止にしなければいけない。

その重圧を自分一人で背負わされている気がしていた。

世界からたった一人、僕だけが孤立している。

僕のこの孤独を誰もわかってはくれない。

そう思い込み、この場から逃げ出したいとさえ思っていた。

しかし、それは僕の思い込みでしかなかった。

孤独どころか、思いっ切り愛に包まれていた。

僕は勘違いしていたのだ。

理由なんて何もなく、ただ無条件に愛したいだなんて歌っていたのに、そういう風に自分が愛してもらっていたことに気づかなかった。

あそこで中止にしていたら、僕はどうなっていただろう。

昨日は歌えないことをネガティブにしか受け止められず、誰かに助けてもらうことなんて考えもせずに、引退するしかないとまで思い詰めたのに。翌日には、歌えなかったからこそ、僕を包んでくれていたこの大きな愛に気づくことができたなんて考えている。

人生にはこういう紙一重の瞬間がどれだけあるのだろう。

「誰かに助けてくれと言えたとき、人はほんとうの意味で自立している」

何かの本で読んだ言葉だ。そのときは理解できなかったのだけれど、あのドームのステージでその意味を知った。

人は一人では生きられない。

そして、どんな人も一人で生きているわけではない。

絶好調で歌っているときだって、その事実は変わらないのだ。

なのに、僕はそのことに気づけていなかった。

その証拠に、歌えなくなった瞬間に、僕が感じたのは孤独だった。

歌を忘れたカナリアになんて、誰も見向きもしないと思った。

もしも、ほんとうに自分が人から支えられて生きていることに気づいていたら、みんなの愛を信じていたら、きっとそんな風には思わなかったはずだ。

いつだって僕は、お客さんが僕に向けてくれている人間的な感情、ATSUSHIと叫ぶ声に支えられてステージに立っていたのだ。

誰の助けも借りずに、たった一人で自立して生きることなんてできない。

あのライブの夜、僕はそのことをはっきりと理解した。

京セラドームを震わせるほどの大きな歓声に教えられて。

流された一粒一粒の涙に勇気をもらって。

僕は自分が一人ではないことを知った。

そして僕は、EXILEのATSUSHIが何者であるのかを、おぼろげながら理解し始めた。

声が出ないことは、歌手にとっては致命的かもしれない。

でも、僕という一人の人間にとっては、ひとつの啓示でありサインだった。

歌えない僕を受けいれてくれているこの人たちのために僕ができることは、それでも歌うことしかない。

かすれた声のまま、できる限りの思いを込めて歌った。

それがいいことだなんて言うつもりはまったくない。

あれほど情けない思いをしたことはない。

あの日に僕が流した涙の半分以上は、不甲斐ない自分への悔し涙だ。

あんなに無様なライブはない。

それでも、あの夜の僕にできることはそれしかなかった。

お客さんに返せるものはそれしかなかった。

それを命と言えばいいのか、それとも魂と呼ぶべきなのかはわからないけれど、僕はあの夜、確かに命と魂で歌っていた。

僕は命と魂で歌うことの意味を知り、それは今も歌手として生きる上での大きな糧《かて》になっている。

無様でも、あれは僕のそれまでの人生で最高のライブだった。

歌手というものは結局のところ、魂という楽器を鳴らして歌っている。

空気を振動させるのは声帯だけど、その声帯を震わせるのは心だ。

その心が迷い、疲れ果て、僕は声を失った。

声を失ったままステージに立った僕は、魂を鳴らす術を失った抜け殻みたいなものだった。

しかし、あの日、お客さんたちの心が、僕の魂を鳴らしてくれた。

だから僕はもう一度歌えるようになった。


もう一度歌えるようになった、というのは比喩ではない。

初日のライブの終盤、声がちょっと出てきたような感覚があった。

声帯が浮腫《むく》んだせいかもしれないし、単なる気のせいだったのかもしれない。ぬか喜びをすると翌日また声が出なかったときに落ち込むことになるから、あまり意識しないようにしたのだけれど、翌日の2日目のライブは明らかに前日よりも声が出ていた。

声がまともに出ない僕をお客さんが心から応援してくれたこと、その感動が僕の気持ちを楽にしてくれた。それが大きかった。気が楽になることがやはり何よりの薬になったのだろう。

自律神経失調症は厄介な病だ。前にも書いたように、気の持ちようで治るような簡単なものではない。自分の意志でコントロールするのはほぼ不可能なのだ。たとえ息を止めてみたって、心臓の鼓動を自分の意志で止めることができないのと同じように。

たとえばたくさんの人の前で話をしなきゃいけなくて、ものすごくアガったという経験はないだろうか。頭に血が上って、顔が真っ赤になって、頭の中は真っ白になって……。

そういうとき、いくら自分の心に「冷静になろう」とか、「目の前にいるのは人じゃなくてみんなカボチャだ」とか言い聞かせても、どうにもならないことはたぶん誰もが知っている。むしろ冷静になろうとすればするほど、余計に上手くいかなくなる。

不眠症の人は「眠ろう」と焦るほど、目が冴えて眠れなくなる。

どれだけ意志の力を振り絞ろうが、それは無理な相談なのだ。

だから誰かが何かで悩んでいるとき、「そんなのは気の持ちようだよ」なんて、それこそ軽い気持ちで言うべきではないと僕は思う。

あの経験を通して、そう思うようになった。

まして自律神経失調症や鬱病で苦しんでいる人にそういう言葉を投げかけるのは、たとえ心からその人を助けたいと思っていたとしても、逆にその人をより苦しめかねないことを、どうか知っておいてほしい。

「気の持ちよう」をどうしても変えられない自分を、情けないとか駄目な人間だと責めてしまうに違いないから。

そしてそのことが、その人をさらに深い孤独へと追いやることになる。

僕の経験でいえば、そんなときに周囲の人にできるのは、その人の苦しみを理解してあげることしかない。そっと側にいて、ただその人の言葉を聞いて、苦しんでいる心を労《いたわ》ろうとする。できることは実際にそれくらいしかないわけだけれど、少なくとも僕は、そうしてもらうことでとても救われた。

僕が抱え込んでいた孤独が癒やされたのだと思う。

苦しみは人を孤独にする。そしてしばしば苦しみそのものより、孤独が人を苦しめる。苦しみを肩代わりすることは誰にもできないけれど、その孤独を癒やすことはできる。

あのライブでお客さんたちが僕にしてくれたことがまさにそれだった。

ドームを埋めつくした人々は、僕が一人ではないことを教えてくれた。

僕という存在が、僕一人で存在しているのではなく、今も昔も、みんなに支えられてきたのだということを、心の底から感じた。

その嬉しさが僕の魂を震わせた。

それが、ひとつの「奇跡」を起こした。

僕の「気の持ちよう」を変えたのだ。

自分の意志ではどうにもならなかった「気持ち」を、いとも簡単に楽にしてくれた。僕はそれまでの何年間か味わっていなかった開放感を味わい、そして声を取り戻し始めた。

それは、お客さん一人ひとりの気持ちが起こしてくれた「奇跡」だった。

ゲストの名は……

それからのソロドームツアーは、月並みな言葉だけど順調そのものだった。

愛知、福岡、埼玉、東京と、各地のドームで公演を続ける間に声の調子は日増しによくなっていった。おかげでBrian McKnight、加山雄三さん、Boyz II Menと、偉大なシンガーたちをゲストに迎えることができた。彼らと同じステージに立つことは、身に余る光栄だった。

西武ドームには、MATSUちゃん、USAさん、MAKIDAIさんの三人が登場し、卒業以来、久々に僕の隣で踊ってくれた。

あの全国6ヶ所のドーム11公演で、パフォーマーがステージで踊ったのはこの日だけだった。

それ以外の公演で、僕の後ろにいたのは総勢約40人のビッグバンドだけ。パフォーマーの演出の助けを借りずに純粋に音楽だけで勝負しようという、ボーカリストとしてのささやかな挑戦でもあった。

それだけに、かつてのパフォーマー三人が踊ったこの日の公演は、あのツアーの中でも特別なものになった。彼らがそこで踊ってくれているだけで、心からリラックスして歌うことができた。

同窓会と言ったらなんだけど、たまにはこういうのもいいなあと、しみじみ思った。

だけど同窓会ができるのは、ＥＸＩＬＥが形を変えて存続しているからでもある。そんなことを考えたのは、僕の心が少しずつＥＸＩＬＥの変化を受けいれつつあるという証拠かもしれなかった。

すべてが僕にとってはかけがえのない夢のような時間だった。

僕が新しく四人のメンバーと結成したRED DIAMOND DOGSをファンの皆さんの前で初披露することもできた。公演を中止すべきかどうか悩んでいた、あの憂鬱なツアー初日前夜が遠い過去のように思えた。

そして、ツアー10公演目の8月28日、東京ドーム公演2日目の夜を迎える。

アンコールのときだった。

衣装を変えてふたたびステージに登場した僕の胸に耳を押し当てたら、今までのキャリアで経験してきたものとはまるで違う感じに心臓が高鳴っているのが、はっきり聞こえたに違いない。

郵便はがき

料金受取人払郵便

代々木局承認

6948

差出有効期間
2020年11月9日
まで

1 5 1 8 7 9 0

203

東京都渋谷区千駄ヶ谷 4-9-

（株）幻冬舎

書籍編集部宛

1518790203

ご住所 〒
都・道
府・県

フリガナ
お名前

メール

インターネットでも回答を受け付けております
http://www.gentosha.co.jp/e/

裏面のご感想を広告等、書籍のPRに使わせていただく場合がございます。

幻冬舎より、著者に関する新しいお知らせ・小社および関連会社、広告主からのご案内を送付することがあります。不要の場合は右の欄にレ印をご記入ください。

不要

書をお買い上げいただき、誠にありがとうございました。
問にお答えいただけたら幸いです。

ご購入いただいた本のタイトルをご記入ください。

』

著者へのメッセージ、または本書のご感想をお書きください。

本書をお求めになった動機は？
著者が好きだから　②タイトルにひかれて　③テーマにひかれて
カバーにひかれて　⑤帯のコピーにひかれて　⑥新聞で見て
インターネットで知って　⑧売れてるから／話題だから
役に立ちそうだから

生年月日	西暦　　年　　月　　日（　　歳）男・女			
職業	①学生	②教員・研究職	③公務員	④農林漁業
	⑤専門・技術職	⑥自由業	⑦自営業	⑧会社役員
	⑨会社員	⑩専業主夫・主婦	⑪パート・アルバイト	
	⑫無職	⑬その他（　　　　　）		

のハガキは差出有効期間を過ぎても料金受取人払でお送りいただけます。
記入いただきました個人情報については、許可なく他の目的で使用す
ことはありません。ご協力ありがとうございました。

心拍数はいくつになっていただろう。180は超えていそうな勢いだった。

（みんな、どれくらい驚いてくれるだろう。いや、そんなに驚かせてしまって、大丈夫かな。やばい、これ以上、負荷をかけるとまた身体が言うことを聞かなくなってしまう……）

サングラスをかけ直して胸の鼓動を抑え、気持ちを落ち着け、お客さんにアンコールしていただいたことに感謝しながらステージに上がった。それからサプライズゲストを紹介した。

「今日、皆さんを驚かせてしまうかもしれません。ライブステージ10年ぶりに帰ってきてくれました……」

ドラマチックにならないように、さらりと言ったつもりだ。けれど「10年ぶりに」で、すでに客席は何かを予感して歓声の音量が一段階上がった。

え、まさか？　そんなことある？？

そして――。

その名を僕が口にして、彼がステージに現れた瞬間、東京ドームは――。

そのあとに続ける言葉が、今も見つからない。

東京ドームは割れんばかりの拍手と歓声に包まれた――。

東京ドームは興奮のルツボと化した――。

東京ドームが爆発するかと思った——。

どんな言葉を使っても月並み過ぎて、あの瞬間のドームを揺らした〝音〟を表現することは難しい。歓声の大きさもそうだけれど、たくさんの方々のいろいろな感情、さまざまな思いが重なりあって、溶けあって、それをどう言葉で表現したらいいんだろう。

清木場俊介——ＳＨＵＮちゃんが僕のステージに立っていた。

10年ぶりに二人で並んでステージに立ち、最初に歌ったのは『羽１／２』。彼が清木場俊介として活動するようになってからも、ずっと歌い続けてきた曲だ。

同じステージ上にいる人間なのに、横でずっとＳＨＵＮちゃんの顔を見ていた気がする。

あのときの僕の気持ちは、あの日、客席にいた多くのお客さんたちとおそらくほとんど何も変わらない。

彼の声が耳に入ってくると、自然に涙がこみ上げた。

懐かしい彼の声……。そう、僕はこの声とともに育ってきた。

彼の脱退後も、時々会ってご飯を食べたりしていたし、２０１４年にはレコーディングで一緒に歌ったこともある。

だからグループを離れたあとも、彼が歌うのは何度も聴いている。だけど、一緒にステージに立って彼が歌うのを聴くのは、ほんとうに久しぶりのことで、それがどれだけ特別なことなのかを改めて実感して、少しでも気を抜いたら、おそらくずっと涙があふれていたと思う。それをずっと堪えながら、僕は奇跡の瞬間を噛《か》み締め、味わっていた。

懐かしさと、嬉しさと、この日が迎えられたという感動と……。

そういういくつもの感情が混じった、言葉にし難い時間だった。

音楽というのは不思議なもので、ひとつの同じ曲を聴いているのに、聴く人が心に浮かべる想いや情景はそれぞれに違う。自らの想いや過去の経験を、重ねあわせるからだ。

『羽1／2』というSHUNちゃんが書いたその曲だって、彼の特別な想いに深く結びついた曲なのに、僕はどうしても自分の想いや思い出を重ねる。

歌に込めた感情に自分の感情がぴったりと重なると、それが何か正体不明の大きな熱い塊《かたまり》になって、とんでもない感動を生むことがある。

あの場にいたすべての人が、個人的な記憶とあの歌を重ねあわせながら、それぞれの想いで聴いていたのだと思う。その何千何万という想いが大きな歓声になって、ドームの巨大な天蓋《てんがい》にこだまして、そこにいるすべての人をひとつの感動で包み込む……。

大きな何かと完全に一体になっているのに、それでもそれぞれはそれぞれのままで、それぞれの個人的な想いと感動にしみじみと浸っている。それがライブというものの素晴らしさで、それだけはライブでしか味わえない。

観客として客席にいても歌い手としてステージに立っていても、それは同じだ。

その嵐のような何千何万という個々の感動の渦の中心で、僕とSHUNちゃんが二人並んで歌っていた……。


その日のために、僕たちは第一章のEXILEメドレーを用意した。

題して「スペシャル・ワンダフル・ゴージャス・ビューティフル・メドレー」!

(最後に〔笑〕をつけたいところだ。最後の、メドレーと言うべきところを、僕はかんで「メロデー」と言ってしまった)

そして僕らは歌い始めた。あの頃のように――。

イントロが演奏され、詞の最初の言葉が紡がれるたびに、歓声と拍手のボリュームがひときわ高くなる。

込められた感情の大きさに、僕は圧倒された。

今思えば、僕らが歌った〝歌〟は、もはや歌じゃなかったのかもしれない。僕らだけのものでもなくて、そこにいるすべての人たち、それぞれの思い出だった。

思い出が〝個人的〟なものであるように、僕らの歌も、僕らの存在すらも、この10年の歳月の間に、ファンの方々それぞれの〝個人的〟なものになっていたのだと思う。

そういうものを歌に乗せて、僕たちは声の限りに歌った。

手を振ってくれる人。両手で口を覆っている人。手を合わせて祈るようにしている人。涙で顔をくしゃくしゃにする人。嬉しそうに笑う人。隣の人と抱きあう人。一緒に歌ってくれる人。号泣してる人。

それぞれの楽しみ方で、それぞれの記憶や感情に入り込んでいるのが手に取るように感じられた。

あんなに幸せな気持ちになったことはない。

あんなに涙がこみ上げてきた経験はない。

僕は僕で、いろんなことを思い出していた。

第一章の頃の自分の感情……、それは必ずしも楽しいことばかりじゃない。

辛かったこと、悔しかったこと、苦い思い……。そういう記憶までが、今となっては懐かしく、かけがえのない宝物のような思い出だった。

記憶の中で、若い僕らは、競いあっていた。

自分たちを主張しあっていた。

当時の僕に訊《たず》ねたら、きっとそれを楽しい思い出とは言わないだろう。胸が苦しくて、眠れぬ夜もあった。歌詞を丸めて捨てたことさえあった。

けれど、それさえも必要なことだったのだと、心から思うことができた。

過去に起きたすべてのことが、今この瞬間の僕たちを祝福してくれていた。

生きることの素晴らしさはそこにある。

どんな辛い思いも、生きてさえいれば、いつか輝きに変えることができる。

だから僕らは生きている今この瞬間を、何より大切にしなきゃいけない。

生きることより大切なことは何もない。

それはほんとうにあたりまえのことなんだけど。

でも、大切なことはいつもあたりまえの中にあるわけで――。


『HERO』を歌いながら、SHUNちゃんと外周の花道に出た。

客席はすぐそこで、一人ひとりの声まで聞こえそうだった。晴れ晴れとした笑顔が、濡れた頬が、みんなの振る手の波が、僕の目の前に迫った。

SHUNちゃんとメドレーで歌う曲目を相談していたとき、みんなの驚く顔を思い浮かべていた。どんなに喜んでくれるだろうと想像して胸を膨らませていたのだけれど、そこで見たものは、僕の思いっ切りの想像さえ遥《はる》かに超えていた。

僕が皆さんに伝えたいと思っていたことが、僕の想いが、自分で想像していたよりも遥かに強く、深く、みんなの心の底に届いているのをはっきり感じた。

メドレー最後の曲は、SHUNちゃんとは一度もライブで歌ったことのないあの曲だった。EXILEの15年の歴史で初めて、二人でその曲『ただ…逢いたくて』を歌った。

歌い終えたとき、水を打ったように静まり返った会場にはピアノの音だけが響いていた。そして、誰一人声を発することなく、静かに拍手の音が会場全体に広がっていった。

僕は歌いながら何度も涙で声を詰まらせてしまったのに、思いだけは伝わったのがわかった。多くの人が泣いていた。ありがとう、お疲れさま、待ってたよ……ファンの皆さんのさまざまな想いが込められた拍手が僕らのステージに届いた。

SHUNちゃんが曲のあとにすかさずMCを入れ、雰囲気を変えてくれようとした。おそらく僕の精神状態を察してくれてのことだった。さすがの彼も、いつもとは打って変わった口調でみんなに感謝の言葉を述べたものだから、客席も、その声に呼応してか、真剣な眼差《まなざ》しで耳を傾けていた。

僕は、リハーサルの予定を変更し、次の曲もSHUNちゃんと歌うことにしたと会場に告げた。

その瞬間、冬の朝の銀世界のように静かだった客席から大歓声が湧き上がった。

涙に濡れた何万もの頰に笑顔が弾ける。

それから先は、いつものあのただひたすら楽しい時間があった。僕とＳＨＵＮちゃんと客席はひとつになって、あの歌を唄い、手を叩き、飛び跳ねる。

その曲の名を、改めてここに書く必要はないだろう。

だけど、念のため……。

『Choo Choo TRAIN』だ！

想像力の欠如

音楽の力をあれほど強く感じた夜はない。

ＳＨＵＮちゃんが〝卒業〟して、ＥＸＩＬＥの第一章が終わったときから10年目。僕は留学を宣言し、ＥＸＩＬＥは1年半の活動休止を決めた。

その節目の年、史上初のソロ六大ドームツアーで、10年ぶりにＳＨＵＮちゃんと僕が二人でステージに立って歌う――。

それはどんなに美しい光景になるだろうと思った。

その美しい光景を、この目で見てみたかった。

生きている間に実現しない夢は多い。

現実というものの壁があるからだ。

けれどお互いがやりたいと思っていて、ファンの人たちもそれを求めている。

ならば、現実の壁はなんとしても乗り越えてやろうと思っていた。

それを乗り越えたとき、そこにはきっと見たことのない美しい光景が広がるだろうと思ったから。ファンの人たちはどんなに喜んでくれることだろう……。

その美しい景色をなんとしても実現したかった。

もちろん実現できたのは、僕たち二人だけの力じゃなくて、ほんとうにたくさんの人々の協力があったからこそなのだけれど。

あのときの僕は、まるで本物の夢の中にいるようだった——。

あんなに感動的な時間は、人生で初めてのことだった。

SHUNちゃんと僕の道が分かれた日から、ずっとやりたかったこと。ファンの皆さんとかわした約束を果たすのに、絶妙のタイミングだったと今も思っている。

異論があったのは知っている。

解散したグループが再結成したり、あるいは一夜限りのライブを行ったりするのは珍しいことではない。けれど、それはある程度の歳月が過ぎてからのこと。

ＥＸＩＬＥは現在進行形で、今も進化を続けている。

現在の僕の相方であるＴＡＫＡＨＩＲＯや彼のファンの気持ちを、もっと考えるべきだという意見があったのは事実だ。

そのことを考えなかったわけではない。

いや、何日も考え続けた。

考えに考え抜いて、その上で決めたことだ。

ＴＡＫＡＨＩＲＯとＴＡＫＡＨＩＲＯのファンにはほんとうに申し訳ないと思う。けれどＳＨＵＮちゃんがいた第一章あっての第二章だし、そこは覆せない事実であり真実だ。その真実に嘘をつくことは、どうしてもできなかった。

臭いものに蓋をするじゃないけれど、最初から一緒にいた人間として、第一章をなかったことにすることは僕にはできない。いや、もちろん、そんな風に思っている人はいないと思うけれど。

もちろんＴＡＫＡＨＩＲＯには、その経緯をしっかり説明した上で話をした。

自分のエゴがまったくなかったと言えば嘘になるかもしれない。

けれど、これはSHUNちゃんとの約束であり、ファンの皆さんとの約束でもあった。

「いつでも戻っておいでよ。また絶対に一緒に歌おうね」

SHUNちゃんに伝えたこの言葉、この気持ちに、嘘はない。

それが長い間、ずっと僕の喉の奥につかえていた。60歳になるまでは不可能な、淡い夢物語なのかと思うこともあったけれど……。

それに、これは僕とSHUNちゃんが再結成するなんて話ではまったくなかった。

僕たちの進む道は、10年前にはっきりと二つに分かれている。SHUNちゃんが選んだのはソロ歌手としてロックを歌う道だ。僕はEXILE ATSUSHIとして自分の音楽を追求する道を選んだ。

「10年ぶりにATSUSHIと歌うことができて……いろいろ思い出したし、なによりもずっと10年、僕も僕で今ロックをやってるんですけど、諦めずに今日までやってきてよかったなと思う」

SHUNちゃんが最後に言った言葉は、リアルそのものだった。きっと罪悪感で苦しんだ日もあっただろう。

お互いの選択をリスペクトしているからこそ、二人の音楽の道が違っていても、いつか必ず交わる日が来ることを、僕は知っていた。

だからこそ、僕もSHUNちゃんも、あの夜二人でステージに立つことができたのだ。

10年目の一夜限りの奇跡として、清木場俊介はEXILE SHUNに戻った。

そういうことができるのが、音楽の素晴らしさだ。

そんなことはもっと先になって、僕らが50代とか60代になってから、誰にも迷惑がかからなくなってからやればいい、という考え方もあるかもしれない。

だけど、あんなライブはやはりあのときしかできなかったし、あのときにやってよかったと今も心から思っている。

今自分にできるいちばん素晴らしいことは、何があろうと今やるべきなのだ。

人生は自分で思っているほど長くはないから。

ジョン・レノンとポール・マッカートニーは、何があっても、誰がどれだけ望もうと、もう同じステージに立つことはできない。

僕はそうなる前に実現したかった。僕とSHUNちゃんは。

歴史に残る大スターと僕たちを比べるのは気が引けるけれど、気持ちの上ではまったく同じだ。

あの夜、僕らはそれを実現した。

「理想と現実」と人は言う。

たいていは、ある種の言い訳として使われる。

理想はこうなんだけど、こういう現実があるから、それは実現できないと。

僕はそうは思わない。

本人の強い意志があって、さまざまな条件やタイミングが合えば、ままならない現実を理想の世界に変えてしまうことができる。

現実が理想の邪魔をするなら、その現実を変えればいい。

理想を実現するために、現実を変える道を選びたいと思っている。


ＳＨＵＮちゃんと歌いながら、はっきりと理解したことがある。

僕がＥＸＩＬＥの変化をなかなか受けいれられなかったのは、僕の中で第一章に決着がついていなかったからだ。

あのライブは、その決着をつけてくれた。

ＳＨＵＮちゃんと歌い終えて、僕はようやく次のステップへと踏み出すことができると思った。意味は違うかもしれないけれど、ＳＨＵＮちゃんもそうだったと思う。

「これで自分の背負った十字架をおろすことができた」

ライブを終えたその夜、そう彼は言っていた。

だからあれはやはり、僕とＳＨＵＮちゃんにとって必要なことだった。

それは間違いないけれど、自分のことばかりに気を取られて、もうひとつの大切なことを僕は忘れていた。

僕が今いちばん気にかけなければならないはずの人の心の中を、想像することができなかった。

つまり想像力が欠如していた。

SHUNちゃんとTAKAHIRO

ソロツアーが終わって、僕はＴＡＫＡＨＩＲＯと会うために大阪へ出かけた。

『HiGH & LOW』のライブが大阪であって、彼も出演していた。そのライブを観たあとに、久しぶりに一緒に食事をしようということになっていた。

２０１６年10月のことだ。

僕の留学のためにＥＸＩＬＥは２０１８年まで活動を休止するわけだし、ＴＡＫＡＨＩＲＯとはその前に一度じっくり話しておきたかった。

ＥＸＩＬＥのメンバーはみんな礼儀正しい。

ＴＡＫＡＨＩＲＯはライブの始まる前、いつも僕のところに来て「おねがいします」と手を差し出す。そこで固い握手を交わすのが恒例になっていた。

親しい仲にも礼儀ありと言うけれど、僕にとってそれはとても大切なライブ前の儀式で、ＴＡＫＡＨＩＲＯのそういう律儀さにいつも助けられていた。

正直に言えば、ＴＡＫＡＨＩＲＯが気分を害している可能性をまったく考えないわけではなかった。

なんといっても僕は、彼の現在の相方なのだ。

その相方がかつての相方と、一夜限りとはいえ、よりを戻すわけだ。

よりを戻すなんて。夫が昔の恋人と、どこかで再会した話みたいな言い方になってしまったけれど、その喩えはそれほど見当外れではない。

もちろんツインボーカルは夫婦の関係とは違うけれど、必ずしも心穏やかではいられないのは同じだ。

しかもこれから1年余り、僕の留学のためにＥＸＩＬＥは活動を休止する。

そのことはメンバー会議ですでに話しあっていたし、最終的には全員が認めてくれたわけだけど、それはあくまでも会議の席上での話だ。

ＴＡＫＡＨＩＲＯが内心不服に思っていたとしても何も不思議はない。

僕がアメリカに行ってしまう前に、もしも言いたいことがあるなら、腹を割ってなんでも聞かせてほしいという気持ちだった。

けれどその日も、ＴＡＫＡＨＩＲＯはいつもと何も変わらない、ほがらかで礼儀正しい彼だった。ＳＨＵＮちゃんをライブのゲストに招いたことについても、まったく気にしていないと言う。それどころか「今度、三人で歌えたらめっちゃ嬉しいです」なんて、超ポジティブな提案までしてくれた。

僕はほっとすると同時に、やっぱりＴＡＫＡＨＩＲＯって最高のヤツだなと思った。

実を言えば、ＳＨＵＮちゃんと僕が歌うことを、ＴＡＫＡＨＩＲＯならわかってくれるだろうという気はしていた。


実はＴＡＫＡＨＩＲＯとＳＨＵＮちゃんは仲がいい。

ＴＡＫＡＨＩＲＯのデビュー当時から、二人で飲みに行くこともあったらしい。

紹介したのは僕だ。

第二章の初期、つまりＴＡＫＡＨＩＲＯがＥＸＩＬＥのボーカルになって間もない頃、僕が二人を引き合わせたのだ。

場所は忘れたけれど、簡単に言えば三人で飲んだ。

SHUNちゃんとTAKAHIROはすっかり意気投合して、挙げ句の果てに、僕を差し置いて二人で飲みに行く仲になった。

……いや、仲間外れにされて怒っているわけじゃない。

TAKAHIROはEXILEのボーカルの座を受け継ぐ責任を強く感じていて、先輩のSHUNちゃんに聞きたいことがたくさんあったのだろう。自分が知らない時代のEXILEのことや、当時そこにいた人の話を聞きたいに違いないだろうし、基本的に真面目で真摯《しんし》な男なのだ。

SHUNちゃんはボーカルとしてのTAKAHIROを高く評価しているし、そういう真面目な後輩を可愛く思わないわけはない。

しかも彼らにはいくつかの共通点があって、TAKAHIROのプロフィールには長崎県出身と書かれているけれど、生まれたのはSHUNちゃんの出身地でもある山口県だったらしい。二人とも西の方の生まれで、そんなことも手伝って意気投合したのだと思う。

まあ、彼らのもうひとつの共通点である相方（僕のことだけど）の悪い癖だの、EXILEのしきたりだのを話しているってこともあるかもしれないけれど……。

とにかくそういうわけで、二人は僕抜きでも腹を割って話ができる仲なのだ。

だから、きっとTAKAHIROなら理解してくれるだろうと思った。

その想像通り、久しぶりに話をしたTAKAHIROは上機嫌で、食事のあとも二人で飲みに行こうという話になり、店を何軒かハシゴすることになった。

TAKAHIROはライブが終わったあとで開放感もあったろうし、僕はその翌日には日本を離れることになっていた。しばらく仕事はないということで、気持ちが緩んでいた。

要するに、二人でハメを外したのだ。

結果的には、それがよくなかった。

今にして思えば、彼の心の中にはいろんな感情が渦巻いていたんだと思う。

行儀よく抑えていたさまざまな感情が、酔いの勢いも手伝って、表面に現れ始めていた。今日は腹を割って話すつもりでいたわけで、彼が日頃は言えないでいる本心を聞くのにいいチャンスではあったのだけれど、残念なことに二人とも酔いが回り過ぎていた。

酔ったままそういう本音の話をすれば、僕の経験では、たいてい悲惨な結果に終わる。翌朝に目が醒めて「なんで昨日はあんなこと言ってしまったんだ」と頭を抱えるパターンだ。生産的なことは何もない。

本心を話すのは、冷静なときに限る。言いたいことがあるなら次の日にでも、酔いが醒めてから話をした方が絶対にいいに決まってる。

夜もかなり更けてきて、ＴＡＫＡＨＩＲＯもかなり酔っているのがわかったので、嫌な予感がしてきた僕は、今日はこれくらいにしようと決め、トイレに行くと告げてその場を立って、こっそりと店を出た。そして、そのままホテルに帰ることにした。

僕はそういうときの、目に見えないサインを感じる能力があるらしい。そこに同席していた友人にあとから聞けば、雰囲気的にはもう一触即発の状態だったようだ。

その選択は半ば正しかった。

ＴＡＫＡＨＩＲＯには確かにまだ言いたいことがあった。腹にイチモツを抱えたままだったのかもしれない。

ホテルに戻るタクシーの中でスマホに彼からの着信があり、僕は黙って先に帰ったことを詫びようと、通話のアイコンを押した。

スマホを耳に当てる前に、僕の耳に彼の声が響いた。

「ＡＴＳＵＳＨＩさん、どこいるんすか？」

その声の調子から、ＴＡＫＡＨＩＲＯが今まで僕に言うに言えなかったこと、心の底に秘めていた言葉、溜まっていた澱《おり》のような思いがあることは、僕にもはっきり伝わった。

ある意味で、あのとき彼は僕に心を開こうとしていたのだ。

心を開いて、相方である僕に、自分の本音を伝えようとしてくれた。

でも、お互いに酔った状態での話に出口もゴールもない。そして、そのときの僕は、やっぱり心底弱っていたのだ。

「わかった。明日酔いが醒めてから、かけ直すわ……」

そう言って、通話OFFのボタンを押した。

情けない先輩

僕が100パーセント悪かったのだ。

TAKAHIROの身になって考えれば、僕の行動は理不尽だった。

SHUNちゃんと彼の仲がいくら良好でも、僕とSHUNちゃんがライブで歌うというのはまた別の話だ。TAKAHIROは地方で公演があったから、あの東京ドームのライブを生では見ていない。映像を見たかどうかもわからない。

それでもどんな様子だったかくらいは耳に入るだろうし、Twitterだの YouTubeだののコメントに流れてくるファンの感想を見たりすることもあったはずだ。

否定的なコメントもなかったわけではないけれど、そのほとんどが好意的なものだった。特に第一章からのファンの方々からは、膨大な数の感動と昔を懐かしむコメントが寄せられていた。

昔の恋人に会う話に喩えるなら、夫が昔の恋人と仲良くしていたという話を聞かされるようなものだ。穏やかな気持ちでいられるわけがない。

ましてあの頃の僕は、ＥＸＩＬＥのＡＴＳＵＳＨＩとしてリーダーシップを充分に発揮できていなかった。その挙げ句に留学するなんて言い出して、ＥＸＩＬＥの活動をそれから1年半も休止させたのだ。

黙って僕の思う通りにさせてくれと頼む方が無理だ。

もちろんメンバー会議ではみんなで話しあったわけだけど、そこで自分の思っていることを何もかも話せるわけじゃないということは、他の誰よりも僕自身が経験していることなのに。

特にＴＡＫＡＨＩＲＯには、僕の考えや行動について丁寧に時間をかけて説明しておかなきゃいけなかった。彼は僕の大切な相方なのだから。

彼が文句も言わずに従ってくれるのをいいことに、僕はその努力を怠った。

そして彼の心を傷つけた。

ボーカルがどれだけのものを背負って歌っているか。そのことを誰よりも知っているはずの僕が、それを彼に置き換えて考えてあげることができなかった。

自分の問題で手一杯で考える余裕がなかった。

それは事実だけれど、彼からすればそんなのは言い訳に過ぎない。

つまりは僕の身勝手だった。

TAKAHIROの思いを受け止めてやらなきゃいけないのに、僕は何も解決しないまま、その翌日に関西国際空港に向かった。

彼の身になって考えれば、僕が自分のアイデンティティ・クライシスで苦しんでいたように、TAKAHIROにとっても、それは歌手としてのアイデンティティに関わる大切な問題だった。

つまり彼も僕も、結局のところ、EXILEをこれからどうしていくかという本質的な問題で迷い、悩んでいたはずだ……。

だから、あの諍《いさか》いは必要だった。

お互い冷静になって、考える時間が必要だった。

そういう意味では、まったくの怪我の功名ではあったけれど、あの留学は僕と彼の関係をもう一度考え直す大切な時間にもなった。

そう言えるのは、今だからこそだけど。

しかし当時は、何か解決しないモヤモヤとした問題を抱えたまま飛行機に乗った。

要するに、TAKAHIROに甘えていた。

先輩としての責任を僕はまったく果たしていなかった。自分のことで精一杯で、彼の悩みや不安を気遣ってやれなかった。

確かに長期間休ませてもらうことになるけれど、この世界にはこういうことがまったくないわけじゃない。何かを創り出す仕事には時として必要なことなのだ。

そんな風にしか考えられなかった。

まったく何から何まで、情けない話だ。

情けないけど、それが嘘偽りのない、あのときの僕だった。

それから約1年半の間、僕がTAKAHIROと会うことはなかった。

こうして僕の留学生活は始まった。

最初の3ヶ月は、留学というよりも休暇に近い。

心と身体を休めて、1年間の留学に備えるため僕はハワイに飛んだ。

準備期間のつもりだったけれど、僕にとっては実りの多い3ヶ月だった。

特に何をしたわけでもない。語学の先生について英語を習い、トレーニングのコーチについて身体を一から鍛え直した。崩壊しかけていた僕の精神を立て直すのに、このトレーニングが大きな役割を果たしてくれたのだが、そのことについては次の章に書こう。

ソロツアーでは得難い経験をした。自分が何者か、ＥＸＩＬＥのＡＴＳＵＳＨＩとは何かという問題を何度も考えさせられたし、その答えが見えた瞬間もあった。

それでもやはり僕は自分の心と身体を休め、回復させる時間を必要としていた。

生きることの素晴らしさ。

今というこの瞬間の素晴らしさ。

僕は心から、そのことを感じたかった。

それくらい僕は疲れていた。

第四章　休む勇気

筋肉と休養

留学中に身体を鍛えようと考えたのは、僕なりの見通しがあったからだ。

いいことなのか悪いことなのか自分でもよくわからないけれど、僕は昔から見切りをつけるのがやたらと早かった。

サッカー選手になる夢も、高校に入ってすぐに見切りをつけた。諦めたというのではない。自分がプロになるのは無理だとわかったのだ。あの選択は間違っていなかったと思う。

そのままサッカーを続けていたとしても、僕のレベルでは絶対にプロになれなかったし、見切りをつけていなかったら、おそらく歌手にもなっていなかった。

留学についても同じだ。

語学や音楽をしっかり勉強し直すつもりではあったけれど、1年かそこらで完璧なバイリンガルになれるはずがないことはわかっていたし、歌唱力だって誰が聴いてもわかるほどはっきり上達するとは思っていなかった。

40歳前のあのタイミングで1年間集中して学ぶことが、その先の人生に必ず役に立つと考えて留学したわけで、1年間ですっかり別人になって帰ってくるなんて、そんな甘い見通しは最初から持っていなかったのだ。

ただ、僕に留学する時間をくれた仲間たちやファンの皆さんに、それでは申し訳ない気がした。語学や音楽はもちろんだけれど、それに加えて何かないか……時間をいただいたからには、何かしらの成果を持って帰らなければ。

それでボーカリストとしての僕の唯一の楽器、つまり身体を作り直すことにした。わかりやすく言えば肉体改造だ。

ウエイトトレーニングはかなりやってきたつもりだけれど、今までは基本的に自己流だった。理論なんて言えるほどのものはほとんどなかった。

あるとすれば「鍛えれば鍛えただけ、筋肉は大きくなる。苦しければ苦しいほど、効果は上がる」という、昔の高校の運動部並みの単純素朴な思い込みだけだった。

大きな怪我や故障をしなかったのは、自分が若かったからだろう。〝Music〟ツアーのときに無理してトレーニングをして痛い目に遭ったことがずっと頭の片隅にあったから、プロフェッショナルのトレーナーの指導を受けて自分の身体を根本から作り直すことにした。

「健全な精神は健全な肉体に宿る」だ。

ホノルルでボディビルダーのシン・コダマさんと出会った。ハワイのボディビル大会で優勝経験もある、身体作りのプロフェッショナル。世界で最も権威あるボディビル団体ＩＦＢＢのプロカードを、日本人で16年ぶり二人目に取得した凄い人物だ。

僕は時間をかけて、トレーニングの正しい知識と方法を教わった。

1日のトレーニング時間はそれほど長くない。1時間半からせいぜい2時間くらい。その代わり筋肉をいじめ抜く。筋肉に限界近くまで負荷をかけて筋肉を潰す。筋トレというのは、筋肉を破壊する作業なのだ。破壊された筋肉は修復されるのだけれど、そのとき充分な休息と栄養を摂取すると、単に元通りに戻るのではなくて、修復された筋肉は以前よりも強く太くなる。折れた骨が太くなって再生するのと、ある意味で似た現象だ。

ウエイトトレーニングの経験者なら、それくらいのことは誰でも知っている。僕が取り組んだのは、そういう基本に忠実で、効率のいいトレーニングメニューだった。

筋肉をいじめるといっても、無茶はしない。最大筋力の80パーセント程度のウエイトを、8回から12回くらい上げるのを3セット程度やるのが基本的なメニューだ。

それが筋肉のほぼ限界だから、正直言ってかなりキツイ。けれどそれぞれの筋力に合わせて負荷が決められるから、無理をしているわけではない。それで筋肉は確実にパンパンになり、筋繊維《きんせんい》は必要充分なだけ破壊される。

徹底的に合理的で、ロジカルな内容だった。

そして、充分な栄養と休養を取ることを、トレーニングと同じくらい大切にするように繰り返し教えられた。たとえばトレーニング期間中は体重の1000分の2、つまり体重が60キロなら最低でも1日120グラムの良質なタンパク質を毎日摂取すること（僕は自分流で単純に数字を倍にすると覚えていた）。そして、筋繊維を破壊するから、トレーニング後には筋肉痛が出る。筋肉痛を起こしている筋肉には、なるべく負荷をかけないこと。

どんなに真面目にトレーニングに励んでも、栄養と休養をしっかり取らなければ筋肉は正常に回復しないからだ。

それも知識としては日本でトレーニングをしていたときから意識していたが、ちゃんと指導を受けて、改めてその重要性に気づくことができた。

なぜか日本では、栄養や休養についてそこまで真剣に考えたことはなかった。

ライブの翌日で身体が消耗し切っているのにベンチプレスで何キロ上げたとか、筋肉痛なのに無理してスクワットを何回したとか。苦しい思いをすればそれだけ、トレーニング効果が上がると思い込んでいたフシがある。

そういうやり方は見当外れなだけでなく有害でさえあるということを、僕は留学の期間中に自分の身体で学んでいった。

全身を胸、肩、腕、背中、脚の5ヶ所に分け、毎日1ヶ所ずつ鍛える。胸の日は、胸のトレーニングだけをする。翌日は背中、その翌日は脚……という具合に。だから胸を鍛えたら、次の胸のトレーニングまで少なくとも最低4日くらいのインターバルがある。

日本で自己流でやっていた頃に比べれば、トレーニングそのものにかける時間はむしろ減っていたはずだ。それでも、僕の筋肉は着実に太く強くなっていった。

筋トレは筋肉を作る作業ではない。

筋肉は休ませることによって発達する。

日本にいたときの僕にとって、休養は、たまには取ってもいいというくらいものだった。

けれど、そうではなかった。

休養は取らなければいけないものだった――。

あたりまえのことを、あたりまえに感じる喜び

不思議なもので、身体が大きくなるにつれ、考え方も変わっていった。

日本にいたときの僕にとって、脂肪は悪だった。余分な脂肪はできる限り削《そ》ぎ落とし、スリムな体形を維持することだけ考えていた。つまり、延々と減量期を続けていたようなものだ。

だから僕は痩《や》せ過ぎていて、あの頃は常に周囲のみんなに心配されていたし、自分の身の周りに起こるさまざまなことに対してむちゃくちゃナーバスだった。

心の許容度と体格には、何か関係があるのかもしれない。

体形が変化するにつれて心に余裕が生まれた。

大会に出るようなレベルでボディメイクをしている方々は、常に自分の身体と向きあっているからこそ、自信に満ちあふれているのかもしれない。ある人が言った「ボディメイクは究極の自己管理だ」という話に妙に納得したりもした。

そうして僕は、少しずつ自分自身にもポジティブなイメージを持つようになっていったのだ。


体形の変化だけではなく、環境の変化も大きかった。

仕事に追われることなく、ただ日々を過ごすのは久しぶりの経験だ。

それ以外は特に何をしたわけでもない。

英語の勉強をし、トレーニングで汗を流し、ギターを弾き、ピアノを弾き、詩を書き、音楽を聴き、また英語の勉強をする……。

簡単に言えば、そういう淡々としたルーティンを延々と繰り返していたのが僕の留学生活。

もちろん時々は、友だちと遊びに出かけたりもしたけれど。

ハワイを引き払って、ロサンゼルスに移ってからもそれは同じだ。

ちなみにロサンゼルスではAirbnbで家を借りた。

Airbnbは、個人が提供する宿を紹介するウェブサイト。オーナーが使用していない間、家をホテルのように一般の人に貸し出すシステムだ。普通の一軒家からプール付きのセレブリティの豪邸まで、いろいろなタイプの宿が登録されている。

ホテルに泊まるのとはまた少し違う感覚だけれど、複数人で泊まると時にはホテルよりやすかったり、アメリカではそれがもうあたりまえのようになっていて、いろんな意味で時代の変化を感じた。

僕が気づかないところでも、時間は流れている。

僕はなんて狭い場所で生きていたのだろう。世界はこんなにも大きく目まぐるしく変化を遂げているのに！

あたりまえのことだけど、そのあたりまえのことをあたりまえに感じられることが妙に嬉しかった。

普通の生活――それがよかった。

街をただぶらぶらと歩いて、道行く人の何気ない会話に耳を傾けるとか。

海辺に座って、ぼんやりと朝日が昇るのを見るとか。

そういう何もしない時間が、僕の心と身体には必要だったのだと実感していた。

だってほんとうのことを言えば、留学するために休んだのではなくて、休むために僕は留学したのだから。

そう素直に思えるようになった。

それはつまり、休むことに後ろめたさを感じなくなったということだから。

筋肉を鍛えたら休ませなきゃいけないように、ＥＸＩＬＥの結成から息つく暇もなく走り続けてきた僕は休まなきゃいけなかったのだ。

不自然な生き方と、自然な生き方

休むことに後ろめたさを感じていたのは、休むことの大切さを、僕がほんとうの意味で理解していなかったからだ。

息を吐いたら吸わなきゃいけないように、アウトプットしたらインプットしなきゃいけないように、疲れたら休まなきゃいけない。

日本にいたときから、そんなことはよくわかっているつもりだった。

わかっているからこそ、留学を選択した。

だけど、それはあくまでもわかった「つもり」だったのだ。留学して自分をレベルアップさせるとか、一時的に海外に拠点を移して活動の幅を広げるとか、建前上の前向きなことを言って、堂々と「休みます」と宣言できなかったのは、つまり誰よりも僕自身が、休むことの大切さを理解していなかったからだ。

それともうひとつ、やはり、休むことへの罪悪感があった。休むことで周りからどう見られるんだろうという不安もあった。強迫観念と言ってもいい。体調管理をするプロ意識がないとか、その程度で休むなんて気合いが足りないとか、これまで築いた信頼すら失ってしまうんじゃないかとか。

そんなはずないのに、何か日本人特有の勤勉な性格というか、休むことへの後ろめたさを感じてしまっていたのだと思う。

ハワイやロサンゼルスで静かな日々を送りながら、僕がいちばん強く感じていたのは、今までの自分がずっと何かに追われるような気持ちで生きていたということだった。いつも走り続けていなければ、何かを生産し続けていなければ、働き続けていなければ、生きる資格がないと心のどこかで思い込んでいたのだ。

だから「休みたい」と言えなかった。そんなこと言っちゃいけないと思った。

それは、僕が不自然な生き方をしていたということだ。

心と身体が休みたいと叫んでいたのに、僕はその叫びをただの甘えくらいにしか考えず、聞こえないフリをし続けた。表現者という生き方を選んだのに、アウトプットすることばかり考えて、インプットする充分な時間を作ってこなかった。

僕が何年も苦しんだのは、結局のところ、そのせいだったのだと思う。

働くことと休むことのバランスがまったく取れていなかった。だから自律神経の働きがおかしくなった。

何もしない生活とは、何も感じない生活ではない。

むしろ生活のあらゆることから、たくさんのことを感じる生活だった。

僕にとっては異文化であるアメリカの人たちの日常の暮らしに触れることは、ある意味では、英語を学ぶことそのものよりも大切なことを僕に教えてくれた。

緊張の正体

たとえば「緊張する」というごくありふれた現象ひとつでも、日本とアメリカとでは受け止め方がずいぶん違う。

僕にとって緊張とは、どちらかといえばネガティブな現象だった。

緊張し過ぎて眠れないとか、緊張して脚が震えるとか。緊張にはいつも、多かれ少なかれ不安がともなっていた。

だから緊張する場面では、無理に意識して平常心を保とうとする。

しかし、アメリカ人と話していると、少し違った捉え方をしている人が多いように感じた。彼らにとって緊張は「excited = エキサイテッド（興奮する）」なものだ。ジェットコースターに乗るときの、あの感覚に近いのかもしれない。まあ、僕はあまり自ら進んで乗りたいものじゃないんだけれど……。

緊張を表す言葉には「nervous = ナーバス（神経質な）」もあるから、アメリカ人なら誰もが緊張をポジティブに扱えるというわけではないのだろうし、また同じ人だって状況によってはネガティブに緊張することもあるだろう。

だけど、普段の生活の中でナーバスに緊張している人が圧倒的に少ないように感じた。ナーバスにならない緊張のときは、なぜか少し笑顔だったりして、すべて楽しいことと捉えているような。

この違いはなんなのだろう？

時間にも心にも余裕ができた僕はそこで考えさせられた。

なぜ自分は緊張すると不安を感じるのか。

アメリカで暮らしていると、そういう場面がとても少ないことに気がついた。

移民によって成立した多民族国家であるゆえに、互いにリスペクトがあって、尊重しあって生きている社会だからなのかもしれない。

たとえば彼らは、他人のファッションについて寛容だ。かなりぶっ飛んだ格好で街を歩いていても、「Nice jacket!」とか「Nice shoes!」と声をかけてくれたり、「Interesting!」(面白い!)という言葉がポジティブな意味で使われる。それはファッションがその人自身のもので、他人がとやかく言う問題ではないと考える人が多いからだ。

他人のしていることに、興味がないということではない。

買ったギターを抱えて歩いたときも、たくさんの見知らぬ人から声をかけられた。

「それ、ギター?」

「俺もさ、ギター弾くんだよね」

「私、ギターの音色好きよ」

何度、道端やエレベーターの中で話しかけられただろう。

そこで言葉を交わしたときの雰囲気は、自信なさげに下を向いていた僕の背中を押してくれるような、肯定してくれるような……そんな感覚があった。

アメリカはこうだとか、日本はこうだと言っているのは、あくまでも僕の主観なので異論があったらお許しいただきたい。

だけどこの雰囲気の問題は案外重要で、それが全体として社会の雰囲気になっている。もしかしたら誰もがいろいろなことに挑戦しやすい雰囲気なのかもしれない。

だから緊張はエキサイティングなのだ。

スポーツの試合なんかを観ていても、海外の選手が本番でやたらとリラックスしているように見えるのはそういうところにも理由があるんじゃないかと思った。オリンピックの100メートル走で、スタート直前に、自信満々のカメラ目線を送るボルト選手のイメージが頭に浮かんできた。

角度の問題

僕自身はどちらかといえば典型的な日本人タイプだし、だから緊張して不安になったりするわけだけど、そういうところはアメリカの人たちの気質に学ぼうと思った。

そもそも、いいなあと感じることを、疲れた自分に積極的に取り入れるための留学だ。

もう少し些細な話をすると、彼らは知らない人によく声をかける。

スーパーで買い物をすればレジの人に話しかけられ、エレベーターに乗りあわせた人に話しかけられ、公園のベンチで隣に座った人に話しかけられる。

たいした会話をするわけじゃない。

「今日はいい天気ね」とか、「素敵な服だね」とか、「よい一日を！」とか。一言か二言の言葉を交わしてニコリと笑うくらいだけど、なんだかとても人間的な感じがする。

日本ではめったにそういうことはない。エレベーターに乗りあわせた人に挨拶くらいはするとしても、「その服、素敵ですね」なんて声をかけたら、気味悪がられるんじゃなかろうか。

ちょっと話はずれるけれど、スーパーマーケットで買い物をしていたときのこと。日本から持っていった和柄のシャツを着ていたら、"Sick!"と言われたことがある。直訳すると「病気！」だからギョッとしたけれど、いわゆるスラングで、「（病的に）カッケーじゃん！」というニュアンスだとスタッフのＭＯＳＳ《モス》が教えてくれた。

単に習慣の違いだということなんだけど、僕はそういう小さな体験にいつも幸福感を覚えていた。

ニコッと笑ってくれた相手に笑顔を返しただけで、出逢いの奇跡とか、生きていることの実感とか、そんな言葉が頭に浮かんでくるのは素敵な体験だった。

これがいつもキャプテンが言ってくれる"Love you, man!"の感覚だろうか？

日本にいた当時の僕は相手への礼儀のために小さな嘘をつかなきゃいけなくて、何も悪いことをしていないのに、相手を気遣っているだけなのに、心がチクチク痛むことがあった。酒に誘われて、断るのが面倒で、ほんとうは行きたくもないのに、「じゃあ一杯だけ」とつきあってしまったり。

窮屈だなあと思うし、不器用な性分だなあとも思う。

ハワイでは10年来の友人の家で過ごしていた。

彼はお婆ちゃんが日本人の日系三世で、日本語はほとんど喋《しゃべ》らないけれど、日本人の気持ちはよくわかる。だからすごく親切で世話焼きだから、「今日は何をしたい?」「どこか行きたいところある?」と、毎日のように僕を誘ってくれた。

最初は嬉しかったけれど、だんだん断るのが辛くなってきた。

話す言葉は英語でも、ホスピタリティは日本人的だから、僕もつい彼を傷つけまいと、断る理由をいろいろくっつけていたのだ。毎日ともなると、その理由がネタ切れになる。

ところがある日、ふと気がついた。断るのに理由なんかいらないのだ。

「ありがとう。でも今日はいいや」

僕がそう言ったら、彼は「OK!」と言って笑った。

それでおしまい。

「なんで?」「どうして?」がない。彼らは他人の「No」の向こう側に立ち入らない。

相手の「No」には、たとえば宗教上の問題とか、いろいろな理由があって、だからその

「Ｎｏ」をリスペクトする。それは、相手の意見を尊重して、さまざまな事情があることを察する文化なのだ。

僕の友人の日系三世の彼も、心の中はそういう生粋のアメリカ人で、それがわかってからは彼とつきあうのがとても楽になった。今でも無二の親友で、日本にもよく遊びに来る。

街中やレストランで「Ｎｏ」という言葉を耳にすることがけっこうあった。

それはもちろん50パーセントの確率で「Ｙｅｓ」か「Ｎｏ」に分かれるというのもあるけれど、日本はとかく「Ｎｏ」をオブラートに包んで伝える文化というか、そういう傾向があるように思う。

「すみませんが、今回は……」

「あ、大丈夫です」

「Ｎｏ」なんだけど、「Ｎｏ」とは言わない。

これはこれで奥ゆかしい日本文化の美徳であることも理解しているけれど、アメリカでは、しっかりと自分の意思を伝えておかないと、あとで取り返しのつかないことも起こり得る。

「Ｎｏ」のときは、はっきりと「Ｎｏ」なのだ。

何度も言うけれど、アメリカが何もかも素敵だなんて思っていない。

相手を個人としてリスペクトする社会だけど、見知らぬ相手にいきなりホールドアップするような人間もいるわけで。暗がりを女性が一人で歩いていたら、リスペクトの欠片《かけら》もないような言葉を投げるヤツだってたくさんいる。

どんな社会にも欠点はあって、それはアメリカもまったく例外じゃない。

でも、僕個人の話をすれば、あの社会の雰囲気にずいぶん助けられた。

ちょっとした人づきあいの違いとか、そういう些細なことまで含めて、アメリカの文化を自分の肌で吸収するにつれて、少しずつ、ゆっくりと僕の心の緊張はほぐれていった。

日本で絶望の淵《ふち》にまで追い込まれた経験も、見方を変えれば、長い人生においては誰にでもある出来事のひとつなのかもしれないと思えるようにもなった。

辛いことに変わりはないけれど、その問題を乗り越えることで人は成長する。

自分の殻を破るのは不安だけれど、殻を破らない限り人は成長しない。

ＥＸＩＬＥというものが、僕のアイデンティティのひとつだったけれど、いつまでもそれにしがみついていたら、僕の音楽的な成長も、人間的な成長も、そこで止まってしまうだろう。

だから、いつか脱ぎ捨てなくちゃいけない時が来るのかもしれない。

過去は過去の大切な思い出として、心にしまっておけばいい。

少しずつだけれど、そう思えるようになっていた。

ロサンゼルスのすがすがしい朝

人づきあいもそうだけど、もうひとつ心地いいことがアメリカにはあって、それはテレビの番組だ。

アメリカで暮らし始めて何ヶ月か経った頃、なんだか毎日がすがすがしいものだから、どうしてなんだろうと考えた。そして、ふと気がついた。

朝起きて簡単な食事をして、すぐに用事がなければ、日本にいたときのようにテレビのスイッチをつける。英語の勉強にもなると思うから、日本にいるときよりもテレビをつけることが多かったかもしれない。

そのテレビ番組が、すがすがしさの原因だった。

別にたいした番組をやっているわけではない。朝だから、地域の渋滞の情報に天気予報、国内外のニュースが流れている。日本とそれほど変わりはないわけだけど、ひとつだけ大きな違いがあって、それはチャンネルを変えるとぜんぜん別の番組をやっているということだった。

チャンネルを変えたら違う番組をやってるのは、あたりまえじゃないの？

そう言うかもしれないけれど、アメリカで気がついたのは、日本ではぜんぜんそうじゃなかったということ。

僕の言いたいことは、おそらく、皆さんわかってくれると思う。

戦争があったり、大災害が起きたりすれば、アメリカのテレビもそうなるのかもしれない。だけど、日本ではほんのちょっとした事件でも、いや事件どころか単なる芸能ニュースみたいなものでも、しばらくの間、一日中それ一色になる。

特にきついのが、誰かのスキャンダルがトレンドになったときだ。ほとんどすべてのチャンネルが朝から晩まで、何日も何週間も根掘り葉掘り問題を掘り起こし、その渦中の人物を叩き続ける。

悪いことをしたんだから、ルールを破ったんだから、それは仕方ないということなのだろうけれど、あそこまで社会全体が全力で押し潰すみたいな風潮は、叩かれる側の人間からしたら、まさに恐怖でしかない。

……いや、そのことの善し悪しについて話したくて、ここでこの話をしたわけではない。

アメリカだって芸能人のスキャンダルを報道する番組はあるけれど、チャンネルを変えればぜんぜん違う番組をやっている。横並びになんてならないし、無理に世の中の雰囲気に合わせようとはしない。もちろん有事のときなどは別の話だろうけれど、〝それはそれ〟という姿勢を、それぞれのメディアが貫いているように見えた。

やはりこれも多人種、多宗教の国ならではの特徴なのだろう。一夫多妻制の国もあれば、肉を食べない宗教もある。すなわち、みんなが同じように観たいものはそもそも作りにくい。日本はある意味で、その正反対だ。

みんなと同じじゃないと、この社会に居場所がなくなるという風潮が感じられる。日本のテレビ局を悪く言っているのではない。テレビの制作に関わる人、キャスターやコメンテイターの中にも、人間的にも信頼できる素晴らしい人がたくさんいることを僕はよく知っている。

そういう彼らでさえ、社会の雰囲気には勝てないということなのだと思う。

いい悪いは別として、そういうテレビが醸し出す社会の雰囲気に、僕はもしかすると多少は憂鬱な気分にさせられていたかもしれない。日本ではそんなにテレビを見る方ではないのだけれど、それでもそういうことがあると、いろんなルートでその話が伝わってきて、そのことによって僕の心はずいぶん病んでいたんだなあと、アメリカのテレビ番組を見ながら改めて思い知った。

あの国にはそういう雰囲気がぜんぜんないってわけじゃないのかもしれないけれど、少なくとも僕は身近にそれを感じなかった。

だから僕はいつも、日本にいたときよりも少しだけすがすがしい朝を迎えることができたのかもしれない。

自分を愛することができるか

世の中にはいろんな個性や意見があっていい。いろんな価値観があった方が、社会はより健全になる。最近は日本でもよくそういうことが言われるようになった。

そこまでは大多数の人が賛成する話だと思う。

だけど、そのもう一歩先の話はどうだろう。

自分自身の問題として、心からそう思えるだろうか。

他の人の個性を認めるという話ではない。それはあたりまえのことだ。

問題は、自分の個性を自分自身が認めるかどうか。わかりやすく言えば、自分の個性を心からリスペクトしているかという話だ。

みんなと違う自分を愛せるかどうか。

僕は僕であればいい。

というよりも、僕は僕でなきゃいけない。

どんなに英語の発音が上手くなろうと、彼らの気持ちを理解できるようになろうと、僕は日本で生まれ育った僕でしかない。

何かを表現するということは、自分の魂の奥深くからの響きや声に耳を傾け、それを正直にできるだけ正確に具現化することだと思う。誰かの真似をしたって、それは永遠に誰かの真似でしかない。

日本人の僕が、アメリカ人のようになろうとする必要なんてどこにもない。

むしろ大切にしなければならないのは自分のルーツだ。

なぜなら、それこそが自分の持っている最高の宝物だから。

その宝物をどこまで磨くことができるか、高めることができるかが鍵なのだ。

英語の発音が下手でもいいとか、英語が話せなくてもいいとか、そういうことを言っているわけではない。それとこれとは別の話だ。

英語に関して言えば、発音にしても話す内容にしても、まだバイリンガルにはほど遠い。だからこれからも勉強は続けるつもりだ。

ただ、それはあくまでも、日本人の僕がすることだという意識に変わった。

英語の歌を唄うときも、歌うのは日本人としての僕だ。

それこそが僕の個性であり、そのことを僕は大切にしようと思う。

なぜなら人はそれぞれに違うものだから。

日本では、他の人と何かが違っていたりすることが、ネガティブに受け止められる傾向がある。

人によって意見が違うのはあたりまえのことなのに、自分と違う意見を持っている人を攻撃したりする。

みんながそれぞれに違っているからこそ、この世は美しいんだと僕は思う。

色鉛筆の色はたくさんあった方が、自由に好きな絵が描ける。

ピアノの鍵盤だってそれぞれに違う音が出るからこそ、美しい音楽が奏でられるのだ。

他の誰とも取り替えられない自分自身を愛することが、ほんとうの意味で他の人の個性を認めることにつながるのだと思う。

いろいろな問題はあるにせよ、それがアメリカの社会のあの風通しのよさの理由なのだということを、僕はあの国で学んだ。

だから僕は日本人としての自分の歌を、何よりも大切にしようと思う。

英語で歌おうと、日本語で歌おうと、それは同じことなのだ。

不思議なことに、そういう風に考えるようになった頃、なぜか自然に、"Love you too" とキャプテンに返せるようになった。

そして日本にも、そう言ってやらなきゃいけない大切な人がいることを思い出した。

約1年半、ずっと会っていなかった彼に……。

第五章　天雫

運命の人との握手

「留学」を終えて、日本に戻ったのは2018年春のことだ。

僕にはしっかりと向きあって、クリアにしなければならないことがあった。

TAKAHIROとの問題だ。


ハワイとロサンゼルスで暮らした1年半ほどで、自律神経失調症の症状はほとんど出なくなっていた。

自律神経失調症は完全に治すことは難しいらしく、一生つきあっていかなきゃいけないわけで、だから今でも時々、それらしき症状が出ることはある。

でもほんとうに時々だし、症状も以前ほど酷くない。対処法もよくわかってきたから、それほど問題にはならない。疲れているからちょっと休んだ方がいい、という身体のサインだと思えば、むしろありがたいくらいだ。

もうひとつ、よかったことがある。

日本にいたときとは違う角度から物事を見られるようになった。

物事というのは、角度を変えて見れば、まったく違う形に見えたりするものなのだ。そんなことあたりまえなんだけれど、実際に違う角度から物事を見るという経験をしてみると、ずいぶんいろいろなことがわかるようになった。

「アメリカ的」な物の見方と、「日本的」な物の見方。

物事を一方的でなく、さまざまな角度から見ることができるようになって、ふと気づくと、自分は何者かという問題で以前ほど悩まなくなっていた。

僕は佐藤篤志であり、ＥＸＩＬＥ ＡＴＳＵＳＨＩなのだ。

そのＥＸＩＬＥ ＡＴＳＵＳＨＩの部分で、精神が崩壊しかけていたわけだけど、その問題には僕なりに答えを見つけていた。

ＨＩＲＯさんの見え方も変わった。

ＨＩＲＯさんはずっと年上の兄貴分、というか育ての親のように感じていたけれど、考えてみればＥＸＩＬＥの立ち上げのときにはまだ32歳だったのだ。今の僕より遥かに若い。その若さで、あの頃からずっとみんなのことを考えて、自分を犠牲にしてきたのだ。

今度の僕の留学にしたって、ＨＩＲＯさんにどれだけ苦労をかけてしまったことか。

そういうＨＩＲＯさんと比べて、いい歳になってもいまだにみんなを引っ張っていく自信がないなんて、腑抜《ふぬ》けたことを言っている自分はいったいなんなのか。後輩たちに対する責任の一部でも、僕自身が背負わなきゃいけないんじゃないか。

そう覚悟を決めたら、いろんなことがクリアに見えるようになった。

だからもちろん、TAKAHIROとは和解しなきゃいけなかった。

EXILEを再起動させるために。

あのとき、彼の思いを、きちんと受け止めてやれなかったことを謝らなきゃいけない。

それはもう充分にわかっていたのだけれど、それでも出発前の小さないざこざが、喉に刺さった小骨のようになって抜けずにいた。どうしても解決できない思いが、わだかまりとして残っていたのだ。

ハワイにいたときには、ブッダの教えを読んでみたりもした。聖人の気持ちが少しでもわかれば、どう歩み寄ればいいのかわかるかもしれないと思ったから。

お互いのために、EXILEのためにも、自分のためにも、何かしなくちゃいけないのはわかっているのに、「ちょっと飲みに行こうか?」とか、「飯でも食おう」と軽く声がかけられずにいた。

そしていよいよEXILEの復活が迫ってきた頃、TAKAHIROがファンクラブ限定で行っているライブイベント〝道の駅〟が岐阜で開催されると聞きつけて、スケジュール帳を見て、この日しかないと感じた。

彼には行くと言わなかったし、マネージャーにも行くことは伝えないように言った。会場のいちばん後ろから彼の歌を聴いて、その日は黙って帰るだけでもいいと思っていた。彼の顔を見て、挨拶をしに行くかどうかはあとから決めればいいいと思っていた。

僕が着いたのは1500人規模の会場だった。すでにイベントは始まっていて、エキサイティングというよりもナーバスな緊張を感じながら、僕は会場のドアをそっと開いた。

そのステージで見たのは、EXILEの曲をものすごく丁寧に歌っているTAKAHIROの姿だった。

ほんとうに丁寧に、大切に、彼が歌っていたのがわかった。

その一瞬で、僕は目頭がジンと熱くなった。

そしてスタッフに頼んだ。

アンコールのときに、ステージに上がらせてくれ、と……。

本編が終わる一曲前に、スタッフが僕を呼びに来た。

アンコールの歓声の中、笑顔で手を振りながらステージに出ていくTAKAHIROの姿を、僕は反対側のステージ脇から見つめていた。

頑張ってるな、立派になったな……と心底思った。

先輩ぶるつもりはないけれど、彼は一般公募の中から、突如としてEXILEになったスーパースターだ。だからこその苦悩はあったに違いない。

いや、その苦悩を僕はずっと横で見てきたことを思い出した。

彼のMCのキリのいいところで、僕はステージ中央へと歩き出した。

一年半ぶりの再会だ。

「TAKAHIRO、久しぶり!」

「うわっ、ATSUSHIさん。お久しぶりです!」

TAKAHIROは目を真ん丸にして驚いていた。あれこそ本物のサプライズだ。

僕はまるで二人の絆《きずな》を確かめるかのように、『運命のヒト』を一緒に歌おうと提案した。彼のバンドがその曲を演奏しているのは知っていたから。

彼がEXILEのメンバーとなり、彼が僕の相方になるきっかけになった曲だ。

1年半の歳月を経て、僕はやっと僕の大切な相方、運命の人と、改めてEXILE復活に向けての本気の握手をした。

そして、EXILEは再起動した。

新しい道

さて、ここでようやく僕の物語はこの本の冒頭のプロローグに戻る。

再起動したＥＸＩＬＥで、２０２０年1月19日の福岡ヤフオク！ドームを皮切りに始まった“EXILE PERFECT LIVE 2001 ▶ 2020”、その大阪公演4日目――運命の２０２０年2月26日だ。

その日、何があったかはすでに書いた。

まだ書いていないのは、そのあとに起きたことだ。

正直に言えば、あのプロローグを書いた時点では、僕自身がまだそんな「決断」をすることになるなんて夢にも思っていなかった。

今こうして書いていても、何か奇妙な感じがする。

もちろん、いつかこの日が来ることは理解していた。

それはＨＩＲＯさんも、ＭＡＴＳＵちゃんも、ＵＳＡさんも、ＭＡＫＩＤＡＩさんも、辿ってきた道でもある。自分だけが例外ということはあり得ない。

けれど、だからこそ僕には辞めるという選択肢はないと、いつからか心のどこかで思い込んでいたらしい。

僕は最後に残った、唯一のＥＸＩＬＥオリジナルメンバーだから。

僕がいなくなってしまったら、あの最初のＥＸＩＬＥの痕跡はもうどこにもなくなってしまう。

僕がＥＸＩＬＥであることは、自分たちが作ったＬＤＨという会社に対する僕の責任だ。そう勝手に思い込んでいたのだ。

はっきりそう考えていたわけではない。むしろそれは、僕の無意識の思い込みのようなものだったかもしれない。

それだけに始末が悪かった。その思い込みが、ずいぶん長いこと僕の重荷になっていた。極端に言えばそれが、長い間、僕が苦しみ続けてきたほんとうの理由だった。


新型コロナウイルスの感染拡大で、世界は大きく姿を変えた。

その境目をいつとするかは人によって違うだろうけれど、僕にとってそれは２０２０年2月26日だったかもしれない。今にして思えば、コロナ以前の世界の、なんとのどかだったことか。

世界中の誰もがパンデミックの目撃者どころか体験者となり、まさに冷静と混乱の狭間《はざま》でもがき苦しんでいる。

僕らエンタテインメント業界に生きる人間たちも、それは同じだ。同じどころか、この業界が直面している損失は、計り知れない打撃と苦悩をもたらしていることは説明するまでもないだろう。

あの日、僕たちは、ライブという最も重要な表現手段を奪われた。

そして皮肉にも、あのときは正解かどうかわからなかった配信ライブが、現在では多くのアーティストの活動の中心となり、例外なくＥＸＩＬＥも、そしてＬＤＨの全アーティストが配信を含めたネット上での活動を模索している。

正直に言えば、２月27日以降、ライブ中止を余儀なくされた多くのアーティストたちが次々と無観客ライブを開催し、それをファンのために配信したというニュースを、僕は砂を嚙む思いで見ていた。テレビをつければ、刻々と変化する感染者数や経済の状況、または感染対策の方法など、日々情報が更新されていた。

これがwithコロナ、新しい生活様式なのか……。

しかし、どこかのアーティストが無観客でライブをするなどエンタメ系のニュースが流れた途端に、トイレに行ったり、食事の準備をし始めたりして、あの日の記憶を紛らわそうとする自分がいた。テレビ画面から目を背けながらも、その音声には聞き耳を立てるような、そんな時間が過ぎていった。

この文章を書いている今も、状況は基本的に変わっていない。いつになったら大きな会場でファンの皆さんと一緒に歌ったり踊ったりできるようになるのだろう。

それはまだ誰にもわからない。

その後も、たまたまYouTubeチャンネルを開設していた僕は、せいぜいその更新とインスタグラムのストーリーを日々上げていくことくらいしかできていない。オンラインであるそれすらも、緊急事態宣言中や、それが解けたあとも、自粛しているとか、ソーシャルディスタンスを守っているとか、そういった条件を気にしながら新しい生活様式を求められている。

あのとき、どうするのが正しかったのか、それは誰にもわからないことだ。

しかしあの日の僕が、いつもと様子が違ったのはきっと、今まで抑えていた感情のダムから気持ちがあふれ出し、そして決壊したからだと思う。いや、間違いなくそうだ。

ここ数年は、そんな風にＥＸＩＬＥに対して強く何かを思ったり言ったりするということを避けてきたから、ずいぶんと長い間、自分がそういう行動をしていなかったことに気づいて、その自分に驚かされた。

それは同時に、そういう強い気持ちでＥＸＩＬＥに向きあうことを、ずいぶん長い間やめていたということだ。

正直な気持ちをすべてさらけ出してしまえば、その瞬間にすべてが終わってしまうことを、僕はどこかで知っていた。だから敢えて、傍観者的な立場を取り続けていたのだ。

ＥＸＩＬＥが存続するために。

ファンをがっかりさせないために。

ＥＸＩＬＥの一員でいなければならないというプライドのもとに。

もう少し正直に、詳しく書こう。

自分とＴＡＫＡＨＩＲＯの二人が揃わなくなったら、それでもＥＸＩＬＥなのだろうか？

僕はそんなことも考えていた。

この問いにはいろいろなご意見をいただくかもしれない。

ボーカリストとしてはＮＥＳＭＩＴＨとＳＨＯＫＩＣＨＩもいるわけだし、誰かが他の人より責任を多く背負っていることは本来ないはずだ。個人差は多少あるにせよ、みんな等しく精一杯に頑張っているし、それぞれに応援してくださるファンの皆さんもいるのだから。だけど……。

そんなことを考えていると、頭の中がグルグルと同じところを回り始めて、ぼんやりと霧がかかったようになって、どんなに苦しくても、ＥＸＩＬＥを辞めるという選択肢は、やっぱり僕の中では具体的なイメージには固まらなかった。

自分が辞めることは、ＥＸＩＬＥを終わらせてしまうことだと、思い込んでいたから。

グループだけでなく、一人の社会人として、大人として、会社に対する責任からも、クビだと言われない限りは、自らそんな身勝手な決断を下すことはできなかったのだ。

そもそも、今までずっと面倒をみてくれたＨＩＲＯさんに迷惑をかけたくない、困らせたくない。そんな気持ちで一杯だった。

この夏、こんな時期だからこそ、ＨＩＲＯさんと僕は定期的に打ち合わせの時間を作り、実際に顔を合わせて会議を重ねた。今後、ＥＸＩＬＥはどうしていくのか、具体的に今年は……来年は……。

ＨＩＲＯさんと二人の会議は、どうしてもリモートではできなかった。

ＨＩＲＯさんとの話しあいは、真剣での切りあいと言ったら語弊があるが、その場の空気感や、本音を汲み取ったり、またお世話になったＨＩＲＯさんだからこそ、時に僕らを気づかって深い本音を汲み取ってくれる、大切な瞬間でもあるからだ。

大きな会議室に、十分過ぎるほどのソーシャルディスタンスを取り、マスクをして席に着く。

緊急事態宣言が解除されたあとは、ソーシャルディスタンスライブができるかもしれないとか、さまざまな企画アイデアが練り進められていた。

しかし、第二波が来るのではないか、というニュースが報道されるたびに、ＨＩＲＯさんをはじめ僕らメンバーやスタッフは落胆し、練っていたアイデアも振り出しに戻る。

それでも僕たちにできることがあるんじゃないかと、またゼロからのスタートだ。

そんな打ち合わせを重ねていた夏のある日、会議に出席するため僕はいつものように事務所に向かった。

会議室に入ると、先に来ていたＨＩＲＯさんが、「久しぶり！　本読んだよ」と出迎えてくれた。実は、このエッセイに書いている事実関係の確認のために、前もって原稿に目を通してくれていたのだ。

そして、その笑顔のまま「今後の話なんだけど……」とミーティングを始めた。

今年ならこういう方法もあるし、来年ならああいう方法もあるし……と、検討中だったいくつかの活動方針に続けて、ＨＩＲＯさんは思わぬ選択肢を用意してくれていた。

「もしＡＴＳＵＳＨＩがグループとしての活動が重荷になるのなら、今後は個人の活動を通してＥＸＩＬＥの在り方を表現してくれればいいよ」

心臓がブルッと震えたような気がした。

それと同時に、頭の中が真っ白になって、あれ？　今なんのこと話してたんだっけ？　と自分の中で小さなパニックが起こっていた。

数秒間をおいて、少し冷静になったとき、心のどこかでこう思った。

（救われた……）

ほんとうにそう思った。

落ち着いてＨＩＲＯさんの顔を見て、僕は頭を下げた。

「なんかスミマセン。ありがとうございます」

最小限の言葉で、お詫びとお礼を伝えることしかできなかった。

もちろん今後もファミリーであることに変わりはないと、ＨＩＲＯさんは伝えてくれた。

約20年もの間、ずっと心の中に重く立ち込めていた霧が、すーっと晴れていくイメージが頭に浮かんでいた。かつてない不思議な感覚だった。

ＥＸＩＬＥが嫌いで、霧が立ち込めていたわけではない。

どちらかといえばそれは、僕自身の器の問題であり、心の中の自分が解決できないモヤモヤの問題だった。

そして、僕は旅立つ決意をした。


卒業する決断をしたのは、ＥＸＩＬＥを大切に思う気持ちが消えたからではない。

ＥＸＩＬＥに対する愛は、今も昔も変わらない。

けれどＨＩＲＯさんの一言で、自分の思い違いに気づいたのだ。

僕がいなくなっても、ＥＸＩＬＥは続いていく。

ＨＩＲＯさんや、ＭＡＴＳＵちゃんや、ＵＳＡさんや、ＭＡＫＩＤＡＩさんが勇退しても、ＥＸＩＬＥが輝き続けてこられたように。

変化し続けることが、ＥＸＩＬＥの宿命なのだ。

僕らは自分たちの意思で、その宿命を受け入れた。

僕が抜ければＥＸＩＬＥの形は変わるだろう。

そして変わることによって、また新しいＥＸＩＬＥへと生まれ変わる。

２０２０年という節目の年に僕が卒業すれば、いよいよＥＸＩＬＥには最初のメンバーが誰もいなくなる。そうなって初めて、ほんとうの意味で、ＥＸＩＬＥが永遠になれるかどうかの挑戦が始まるのだと思う。

そのことを理解して、ＨＩＲＯさんの言葉に救われて、ここで自分が辞めてもいいんだと思ったときの感覚は、きっと人生最後のときまで忘れることがないだろう。

ＥＸＩＬＥへの愛は変わらないけれど、一人の歌手として僕がこれからやるべきこと、やりたいことは、またそれとは別のことなのだ。

きっと人生はそんなに長くない。

40歳を迎えて、あと何度ツアーができるのか、あと何曲の歌を世に送り出すことができるのか数えるのが怖いけれど、僕が80歳まで健康でいられたとしても、たとえばライブツアーならせいぜい20回が限度だろう。

そう考えれば、これからの歌手人生において、悔いのない20回のツアーを僕はやり遂げなければならない。

そして、悔いのない歌手人生を、僕は送らなければならない。

心の底からそう気づいてしまったのだ。


今までEXILE ATSUSHIを応援してくださったファンの方たちには、ほんとうに申し訳ないと思う。

けれど、この場を借りてひとつだけお約束したいことがある。

決して皆さんをがっかりさせるつもりはない。

新しい挑戦と僕たちの姿に、喜びを感じてもらえると思う。

僕が辞めることでEXILEが新しく生まれ変わるように、EXILEを辞めることで、僕もまた歌手として新しく歩き始めるのだ。

これから僕が何に挑戦するかは、まだ詳しくお話しできないけれど、そう遠くない未来にきっと皆さんがこの僕の決断を、僕にとってもEXILEにとっても、よかったと祝福してくれる時が来ると思う。

お詫びをする代わりに、そうなるように自分にできる限りの努力をすることを、皆さんにお約束したい。

あなたのそばにいる

この本のタイトルを『精神崩壊』にしようと思っていたことは前にも書いた。

僕が経験したことを表現するのに、それ以上の言葉はなかったからだ。

自分のアイデンティティやプライドを捨てるのは、本人にとってはほんとうに辛いものだ。その最中にいるときには、死ぬことさえ考えてしまうくらいに。

最近では、その精神の中心がネットの世界やＳＮＳに移行して、その渦中で心を傷め、自ら命を絶ってしまった方々を見ると心が痛む。

その暗いトンネルは、いつか必ず抜けることができるのだ。

僕がトンネルを抜けて理解したのは、辛かったけれど、精神を成長させるにはそれも必要だったということだ。

そういう意味で、精神崩壊は必ずしも悪いことばかりじゃない。

自分が信じてきたもの、育ってきた環境、親から教えられたこと、そして自分のアイデンティティ。そういう絶対だと思っていたものが、ガラガラと崩れ落ちた先には、新しい自分がいた。

固定観念が壊されて、新しいものの見方ができるようになる。

頑張れなんて言葉を軽々しくかけるつもりはない。

自分の信じていたものをことごとくぶち壊されるのは、言葉で上手く言い表せないいくらい辛い経験だ。

実際、この本には書いていない、書き切れない、詐欺のような目にもこの10年以内に二、三度は遭っている。

しかも、ボランティアやチャリティのことに関してだ。〝人のために〟が利用された。そりゃ少しばかり、人を疑ってしまうような時期もあった。

そのときの僕の心はボロボロだった。

ただ精神が崩壊するような苦しみを経験した者として、どんなに苦しくても、生きてさえいればいつかきっとまた、自分を取り戻せる日が来るということだけは伝えたい。

ただの自分じゃなくて、それは新しい自分だ。

だから、自らの命を絶ってはいけない。

何があっても、Don't die なのだ。

世の中には僕と同じ苦しさを味わっている人がきっといる。

その人に、僕も同じだったと伝えたい。

苦しんでいるのが、あなた一人じゃないと教えたい。

僕はいつもあなたの心に寄り添いたいと思って歌っている。

イチローさんのこと

自分の年齢のことを考えるとき、僕はよくイチローさんのことを考える。

球場で活躍する姿は目に焼きついているけれど、それ以上に僕の心を捉えて離さないのは会見で話す彼の言葉の一つひとつだ。

たとえばマイアミマーリンズへの移籍会見の質疑応答の際に、記者が「ファンに一言」と言ったときのことだ。

「それは質問ではなく、お願いですね」

イチローさんは、まずそう核心をついた返しをしてから、言葉を続けた。

「それは僕が苦手とすることのひとつです」

誰それに一言というのは、会見のときに記者の方がよくする「質問」だ。問題を起こした芸能人には「ファンに一言」、浮気をした人には「奥さんに一言」……。

記者の方には申し訳ないけれど、質問を受ける側にとって、それはあまり嬉しくない「質問」だ。

答えるのが難しいからではない。どう答えるかが決められているからだ。

悪いことをした人に、「もう二度としません」と謝らせる。何か幸運に恵まれた人には、「皆さんのおかげです」と言わせる。

答えを求めているわけじゃなくて、決まり切った謝罪や感謝をする姿を見せるのが目的で、それをさせられる側としてはかなり抵抗がある。

海外のアーティストに「日本のファンに向けて一言お願いします」という質問もそうだ。「I Love JAPAN!」とか「日本で会えるのを楽しみにしてるよ」というあれだ。

しかしイチローさんは違った。

もちろんあのとき、記者は「これからも応援してください」とイチローさんが頭を下げるのを予想していたのかもしれない。

けれど、イチローさんはそうは言わなかった。

「新しい場所に行って、新しいユニフォームを着てプレーすることに決まりましたが、『これからも応援よろしくお願いします』とは僕は絶対に言いません。応援していただけるような選手であるために、自分がやらなければならないことを続けていく、ということをお約束して、それをメッセージとさせていただいてもよろしいでしょうか？」

凄過ぎる。なんて正しい回答だろう。

記者の人には悪いけど、中途半端なボールをイチローさんに投げたら、痛烈なヒットを打ち返されるに決まっている。

イチローさんは、どこか開き直っているんじゃないかと思えるくらい物事の本質だけを見つめている。だからとっさに、そういう本質的な答えが出てくるのだ。

その物事を見る角度、思いの真剣さに僕は共感する。

毎年２００本安打を達成していた時代でも、常にコンディションがよかったわけではない。めまいを催しながら、打席に立ったこともあったらしい。

その状態で打ったヒットもあるはずだ。

僕とはまるでスケールも世界も違うけれど、２０１６年のソロドームツアーの初日、声が出ないままステージに立ったあの日を思い出す。

満身創痍《まんしんそうい》だったけれど強い覚悟をもって、あの場所に立っていた。

イチローさんは、おそらくすべての打席にそういう気持ちで立っていたのだと思う。簡単にヒットを量産してきたように見えるけれど、決してそんなことではないのだ。

年齢を重ねれば、身体も変化する。去年と同じことをしていたら、今年はもう去年のようには打てない。

血の滲《にじ》むような努力と周到な準備を重ねて常にバッティングを進化させ続けたからこそ、あの偉業を達成できたのだ。昔の自分のバッティングを見て、よくあれで打てたなと思うことがあったらしい。

それだけイチローさんのバッティングは変わったということだろう。

いや、変え続けたのだ。

それがどれほど大変なことかを僕はよく知っている。

イチローさんにとってのバッティングは、僕にとっての歌い方だ。

それを変えるということが、どれだけ勇気のいることで、大変なことか！

慣れ親しんだ自分のスタイルに、いつも厳しい批判の目を向けて、場合によっては自己否定をしながらでなければ、新しい自分は創り出せない。

イチローさんは独り、その努力をただひたすら黙々と続けたのだと僕は思う。

あらゆることにおいて、本質だけを、ほんとうに大切なことだけを見つめ続けた。それ以外のことをする余裕なんてなかった。

ましてその場の空気を読んでいる暇なんてなかったのだ。

僕もそうありたいと思う。

登っている山の高さもスケールもまったく違うけど、それでも山を登り続けるという意味では、イチローさんのようでありたいと願う。

野球選手である彼にとっての40代が、歌手である僕の40代と同じはずはないけれど。それでも自分の年齢を思わずにはいられないのだ。

彼のように、僕も厳しく生きられるだろうか。

言いたい人には言わせておく

そう思うようになったひとつのきっかけが、杉良太郎さんとの出会いだった。

初めてお目にかかったのは２０１１年。ベトナムのハノイ市で杉さんが主催した日越友好音楽祭にＥＸＩＬＥとして参加したときだった。

杉さんは長年にわたって、ベトナムで支援活動を続けている。

80年代の終わりに初めてベトナムの孤児院を訪ねたときは、子どもたちの栄養状態が酷いことにショックを受けたそうだ。

けれど、もっと心を痛めたことがあった。

持って行ったチョコやクッキーを渡したら、多少喜びはするものの、あまり手を出さない子が多かったらしいのだ。

「どうして食べないの」と聞くと、こういう答えが返ってきたという。

「チョコより、私はお父さんとお母さんが欲しい」

涙が止まらなくて、だけどその涙を見せたくなくて、杉さんは部屋を出てしまった。そして、その子たちの里親になることを決めた。

杉さんはその後もベトナムの孤児院の子たちを次々に里子にして生活を支援してきた。今では180人くらいになるらしい。最初に里子にした子は、すでに40歳を越えている。

僕の社会貢献活動については、「そんなの綺麗事だ」とか「売名だろ」と言ってくる人が時々いて、かつては僕の小さな器が傷つけられていた。

けれど、杉さんがこう言うのを聞いてから、そういった外野の声が一切と言っていいほどに気にならなくなった。

「綺麗事だろうがなんだろうが、助かる人が一人でもいればそれでいい。売名とでもなんとでも言いたいやつには言わせておけ」

2015年の4月22日、僕は法務省から矯正支援官を委嘱《いしょく》された。僕が少年院を慰問したという話を聞いて、杉さんが声をかけてくださったのだ。

「ベトナムで会ったとき『僕にできることがあったらなんでもさせてください』って、お前言ったよな。俺は一度した約束は絶対に忘れないんだ」

確かそういう言い方をされたと思う。荒っぽいけど、なんと言えばいいか、言葉の裏に愛情がある。杉さんはいつでもどこでも誰にでも、そういう調子で話す。

受刑者を前にしたときも、こんな感じだ。

「この中で俺に会ったことのある人は?」

けっこうな数の手が挙がって、杉さんはためいきをつく。

「なんでこんなにいるんだ。もう二度と会わないと約束したはずだぞ。じゃあ3回目の人は?4回目は? ほんと、わかんないやつらだな。……まさか、5回目はいないよな?」

手が挙がって、少しばかり笑いが起きる。

杉さん流のオチをつけるのだ。

優しくて、愛があって、厳しい。

リアル遠山の金さんという感じで、あの堂々とした迫力に圧倒された。

相手が眼光鋭い受刑者だろうが誰だろうが、正直な気持ちと真実を口にする。それは思いと行動に裏がないからだと僕は思う。

杉さんに連れられて、最初に行ったのは網走《あばしり》刑務所だった。

映画のイメージとは違って、現在は10年以下の比較的短期の受刑者向けの刑事施設になっている。そうは言っても、目の前に座っている受刑者の中には僕よりずっと歳上の人たちもいて、坊主頭が白髪混じりになっている人も少なくなかった。

ライブとはまったく違う種類の緊張感。あんなに顕著に脚がガクガク震えたのは、幼稚園のピアノの発表会以来だ。

話は真面目に聞いてくれていたと思う。でも、僕の言葉が全員の心にしっかりとは届いていないのが感じ取れた。ステージで歌って感動を届けられたときに得られる、あのなんとも言えない幸福感とは、手応えがまるで違ったから。

こんな若僧の、今の僕の人生経験では、彼らの心を動かすことはできない――。

それがはっきりとわかった。

杉さんはそれでも、できるならこの活動を続けなさいと言ってくださる。

杉さんは冗談めかして笑いにしたけれど、再犯してここに戻ってくる人が少なくないのは偽りのない現実だ。

杉さんはデビュー前からもう60年近くも慰問を続けている。報われない思いを味わったことは一度や二度ではないはずだ。それでもやめない。

状況はまったく違うけれど、ベトナムの子どもたちの里親になるのと、気持ちはそれほど違わないんじゃないかという気がする。

彼らは自分の犯した罪でここにいる。それは間違いない。だけど、刑期を務めた彼らを社会が受けいれなければ、またここに戻る可能性はそれだけ高くなる。

杉さんは彼らへの同情をあまり口にしない。むしろ厳しいことを言う。でも、その厳しさの裏に、あの人の人間というものへの大きな愛情がある。

社会の片隅に追いやられ、苦しんでいる人を見過ごさない。

人間が大きいとは、ああいう人を指す言葉なんだろう。

僕もいつかあんな大人になれるだろうか……いや、無理かもしれない。

だけど、そんな僕の言葉でも、真摯に受け止めてくれる人がぜんぜんいないわけじゃなかった。一人でも救われる人がいるなら……結局はそこに辿り着く。

講話の後日に感想文のような手紙が届くのだけれど、そこに「ATSUSHIの言葉で更生の決意ができた」と書いてくれた受刑者が実際に何人もいるわけだから。

そして今、僕がいちばん気にかけているのが、少年院の子たちだ。

年下の彼らは、少しだけ歳上の僕の話を、わりと素直な目をして聞いてくれる。

いろんな理由で彼らはそこにいた。人を傷つけてしまったり、あるいはもっと取り返しのつかないことをして、僕の前に座っている子もいたはずだ。

それでも、その瞬間の彼らは、同年代の他の子たちと何も変わらない、キラキラと輝く目で僕を見ていた。

彼らに傷つけられた人のことを考えるべきだという意見もあると思うけれど、その罪を償い、自分を変えるために彼らはここにいるわけだ。彼らが罪を悔い心から改心して、真人間として、この社会に戻ってくる手助けをすることは、大きな意味で被害者への償いにもなると信じている。

そのためには、夢が必要だ。

大きな夢じゃなくても、小さな希望でも、胸にしっかり抱いて、前向きに生きていくための動機が彼らには必要じゃないか。

その手助けなら、僕にもできるかもしれない。

(やっべえ、ＥＸＩＬＥだ!)

ああいう場じゃなかったら、今にも口に出してそう言いそうな、彼らの顔を見てそう思った。

「どうしたら、ＡＴＳＵＳＨＩさんみたいになれるんですか?」

中には、素直にそう聞いてくれる子もいた。

同年代の頃の僕は、彼らとほとんど何も違わない。いや、これはワルぶっているわけではなくて、誰だってほんのひとつの歯車の違い、ボタンをかけた場所の違いで、向こうに座ることになっていても何も不思議はないと思うのだ。僕の場合は音楽という、自分のエネルギーをすべて注ぎ込める対象に、運よく巡り会えたというだけのことだ。

話を聞いたら、その子たちの7〜8割が育った家庭環境に問題があるらしい。ということは、ほとんど環境のせいじゃないか。

もちろん家庭環境に問題があっても、真っ直ぐに生きる道を選ぶ子はたくさんいる。割合から言ったら、そういう子の方が多いと思う。何もかも環境のせいにするべきではないけれど、それでも僕には、あの年代の自分と彼らの間に、そこまで大きな違いがあるとは思えなかった。家で虐待を受けていたり、生まれ育った地域の環境、両親との相性など、僕には計り知れないさまざまなことが原因で心に傷を抱えているかもしれない。だけど同時に、将来への不安だけでなく、有名になりたいとか、異性にもてたいとか、十代の青少年たちの、普通の希望や願いを持っていることも感じられたからだ。

だからせめて彼らがここから出たあと、今度こそ真面目に生きられるようなきっかけを作る手助けをしたいと強く思うようになった。

杉さんみたいに大きなことができるわけじゃないけれど、僕にできるだけのことはしたいと思う。親戚のおじさんみたいな立ち位置でもいいじゃないか。

今は彼らのための活動をする、ＮＰＯなのか一般社団法人なのか、そのシステムの設立準備をしているところだ。

「あつしこどもプロジェクト（仮称）」。

言いたい人にはなんとでも言わせておくつもりだ。


「俺はもう10年後には生きてないかもしれない。だからこれは俺の遺言と思って聞いておけ」

そう言って、あるとき僕は杉さんに叱られたことがある。

そんな風に、本心から怒ってくれる人は、大人になるとそう多くはない。僕は涙がこぼれそうになった。２０１８年の秋、ベトナムのハノイで第三回日越友好音楽祭が開催されたときもそうだった。日本の歌手として、杉良太郎さんと伍代夏子さん、ｗ－ｉｎｄｓ．、ピコ太郎さん、そして僕が歌わせていただいた。

本番が終わって、楽屋に戻ってくると杉さんに言われた。

「お前、なんか暗いんだよな。なんなんだ、お前のその感じは？　それを変えたくて、アメリカ行ったんじゃないのか。死ぬまでそのままでいくつもりか？」

「おっしゃる通りです」と、僕は頭を下げるしかなかった。

ハノイの会場はもちろん僕のホームグラウンドではないし、音響スタッフも現地の人だから、いつもの環境にはほど遠かった。その日のステージに納得できなくて、僕は浮かない顔をしていたらしい。

杉さんはそういう僕を見逃さなかった。

「お前はなんか自分に膜をかけて、自分で自分を抑えてるんだよ。スーパースターってのは、(石原)裕次郎みたいに、お客さんが見た瞬間に『うわー、裕次郎だ!』と心が晴れやかにな る、そういう存在じゃないのか。お前はそうなれたのか。1年経っても、何も変わってないじゃないか。自分で自分の足を引っ張ってんだよ」

そんなに遠慮ばかりしてないで、堂々としろと杉さんは言う。それは自分のためなんかじゃなくて、お客さんのためなんだと。それがお前の役割だろうと。

杉さんの言っていることは、痛いくらいよくわかった。

言い返す言葉が一文字も見つからない。

だけど、いまだにそうできない自分がいる。

ある日突然、威張ったり偉そうにしたからって、スーパースターとしての風格が身につくかといったら、そんなことはぜんぜんないわけで。ただの、サムいおじさんでしかないだろう。

謙虚だったり、控えめだったりするのは悪いことではない。自分で言うのもなんだけど、それが僕の持ち味だとは思う。

ただ、そういうことに足を引っ張られて、華々しさに欠けるというのは、杉さんのおっしゃる通りなのだ。

それが僕の欠点というか弱点で、そこはまだまったく克服できていない。

不惑《ふわく》と言われる40歳を迎えても、いまだに迷い続ける日々なのだ。

50歳まで、いや死ぬまで謙虚さを持ち続けたまま、杉さんや加山さんのように、そこに堂々と立っていられる人間になりたいと、心の中で誓った瞬間でもあった。

新しい自分

少し前に、大切な友人から一冊の本が送られてきた。

ＨＳＰについて書かれた本だ。

ＨＳＰは、ハイリー・センシティブ・パーソンの略。アメリカのエレイン・Ｎ・アーロンという心理学者が考案した用語で、日本語にすれば高度に感受性の強い人。

単に感受性が強いのではなくて、「高度に」というところがポイントだ。

感受性が強過ぎて、それがしばしば生きにくさの原因になる。

ちなみにこれは病気でも障害でもなくて、人間のさまざまな気質のひとつだ。

世の中の20パーセントくらいの人がＨＳＰにあてはまるらしい。５人に１人はＨＳＰということだ。

本を読みながら笑ってしまった。

面白いことが書いてあったわけじゃない。

あまりにも僕にあてはまることばかりだったのだ。

その本にはＨＳＰを自己診断するテストがついていて、僕は完璧なまでのＨＳＰだった。

考え方が複雑で、刺激に敏感で疲れやすく、感情移入が激しくて、人の気持ちに振り回されやすく、感覚が異常に鋭い……。まるで僕のことが書かれているようだった。

子どもの頃から何かを考え始めると止まらなくなった。天井や壁紙のパターンを見つけようと寝ないで見つめ続けていたのも、変わった子どもだったからじゃなくてＨＳＰだからだった。

ドアを閉めるバタンという音に過剰に驚くのも、エアコンの風の向きに異常なくらい敏感で、時にはそれだけで体調を崩してしまうのも。

難民キャンプの子どもたちの映像を見て涙が止まらなくなったり、杉さんの活動に共感して自分も何かせずにはいられなくなったのも、そういう気質が影響しているのはほぼ間違いないと、この歳になってやっと理解できた。

ＨＳＰの人は、ミラーニューロンの働きが活発なのだそうだ。ミラーニューロンは他者への共感をつかさどる神経細胞だ。だから他人が経験していることを、まるで自分の身に起きたことのように感じる。だから誰かが酷い目に遭っているのを見ただけで、時には涙が止まらなくなることがある。僕はそういうことを見聞きすると、自分のことと重ねあわせてしまう習性があるらしい。

それを偽善だと言われて実は深く傷ついていたのだって、僕が人の気持ちに振り回されやすいからだった。物事を深く考え過ぎて、もしかしたらほんとうに偽善なんじゃないかと自分でも思ってしまうのだ。人間の心の中を深く探れば、そこにはさまざまな気持ちが混じっているわけだから。

正直に言えば、「売名とでもなんとでも、言いたいやつには言わせておけ」という杉さんの言葉を聞くまで、気持ちを上手く整理することができなかった。

でも今はもう、そんなことはどうでもいい。

そしておそらくは自律神経失調症に陥ったのも、僕が人よりも少しだけ敏感だったからだ。ＥＸＩＬＥの変化をすぐに受けいれられなかったのも、そのせいで自分を見失ってしまったのも。そのことを考え過ぎて夜眠れなくなって、体調を崩したのも、ついに声が出なくなったのも……。

原因の根元には、ＨＳＰという僕が持って生まれた気質があったわけだ。

そうと知って心が少しだけ軽くなった。

もし僕が最初からＨＳＰのことを知っていたら、自律神経失調症にはならなかっただろうか。

それはよくわからない。

自分がＨＳＰだとわかったからといって、物事の感じ方が変わるわけではないから。

強い刺激に敏感で疲れやすいという僕の性質は何をしても変わらない。

ちなみに同じＨＳＰでもいくつかのタイプに分かれていて、僕はその中のＨＳＳ型らしい。

ＨＳＳとはハイ・センセーション・シーキングで、社交的な性格も兼ね備えているという厄介なタイプ。刺激に敏感で疲れやすいのに、時にその刺激を求めてわざわざ人がたくさんいる中へ入っていくような、ある意味矛盾した性質だ。

疲れやすいのなら、なるべく強い刺激を受けない生活をすればいいのに、退屈に耐えられなくて、いつも刺激を求めてしまうという厄介なタイプなのだ。

僕のライブの最中とその後の、精神状態の激しい落差はそれで説明できる。

強い刺激を求める僕にとって、ライブは天職みたいなものだ。ステージ上ではハイテンションと幸福感に包まれている。その刺激が、僕の敏感な神経を疲れさせる。だからライブが終わったあとは、ボロ雑巾のように疲れ果ててしまうのだ。

けれどその疲労が癒やされれば、またあの強い刺激を心と身体が求め始める。

それが僕の生まれ持った性質なのだから、きっと自分がＨＳＰだと知っていても、やはり同じことを繰り返したんじゃないか。

実際にそれを知った今だって、ライブのステージから見える皆さんの笑顔や涙に勝るものを、これからの人生で見つけるのは不可能に近い。

ただ、それが自分の持って生まれた性質だと理解したおかげで、ライブ後の尋常ではない疲労感や、気持ちの落ち込みに怯《おび》えることはなくなった。

そういう性質に生まれついてしまったのだから仕方がない。

疲れたら、それを癒やす方法を考えればいいだけのことだ。

僕はもう、休むことを恐れない。

覚悟

ここからが、僕のほんとうの人生の始まりだ。

今は本気でそう思っている。

なぜなら社会の仕組みや、世の中がどう動いているかを、やっと理解し始めたから。

そして自分が世の中の「流行の最前線」というようなところから少しずつ外れ、夢のような若さや、勢いだけで走る時期が、終わりを告げようとしていることを、リアルに感じられるようになったから。

20年近く第一線で走り続けてきて、わかったことがある。

流行というものは、特別な例外を除いて、10代20代の若者が作るものなのだ。

あるいはジャンルによっては、たとえばお笑いの世界では30代を過ぎてから人気が出ること
の方が多かったりもするけれど、音楽に関して言えば、流行を作るのは圧倒的にそれよりも若
い世代だ。

僕にとって、それはもう過去の話だ。

そして、その自分が明らかに次のフェイズに入ったことを感じる。


流行の真ん中にいたからこそそれを感じる。

次世代がすでに出てきているのだ。

そのことを受け入れようと思う。

これからの自分がやるべきことは、時代の最先端を走ることではない。

登った山は降りなければならない。

その降り方を考える段階に来ているのだと思う。

決して負け惜しみで言うのではない。

いちばん売れている音楽が、いちばんいい音楽とは限らない。

流行の先端を追いかけるだけが音楽ではないという、本質的なところに辿りついたから。


かつてはライブのたびに、何か新しいことに挑戦していた。

新しい何か、今までと違う自分を見せなければいけないと思い込んでいたからだ。前の年と同じことをするのは意味がないし、お客さんにも喜ばれないと思い込んでいた。

新曲を次から次へと創り出し、新しい何かに挑戦してファンの皆さんを驚かすことが、自分の使命のようにさえ信じていた。

ＬＤＨの後輩たちも、昔の僕がそうしていたように、たくさんの新しいことに挑戦している。素晴らしいと思うし、いろんなことに挑戦している姿がすごく微笑ましくも見える。

しかし、僕はもう、そこを通り過ぎちゃったんだな、と思う。

何をしようが、表面的な変化だけでは、そこに新しさを感じられなくなった。

２０１９年には沖縄で、ＴＡＫＡＨＩＲＯとＥＸＩＬＥのオリジナルメンバーによるスペシャルライブを行った。残念ながら、ＨＩＲＯさんだけはどうしても参加できなかったのだけれど。

あのとき、お客さんの目に浮かんでいた涙に、僕は大切な真実を教えられた。

僕たちが歌っていたのは、第一章、第二章の頃の曲だった。ちっとも悲しい曲ではない。聴く人がハッピーになって、一緒に踊り出したくなるような曲が多かった。

にもかかわらず、会場のあちこちに涙を流している方たちが見えた。

どういう涙なのかはよくわかった。

あれは懐かしさの涙だ。

嬉しさと寂しさの入り混じった複雑な涙だ。

過ぎ去った時間、忘れていた昔の感情、もしかしたら別れてしまった恋人との思い出まで……。

第一章の曲を聴いていた時代のそれぞれの記憶が、曲への懐かしさと混じりあい、涙となって流れ落ちていたのかもしれない。

音楽にはそういう力がある。

新しい曲だけが音楽ではもちろんないのだ。

この20年の間に僕が創り続けてきた楽曲、唄ってきた歌、時代の先端を切り開くという気概で続けてきたライブ……。

そういうもののすべてが、誰かにとっての懐かしい過去なのだ。

来年になれば、今の新曲が過去の曲になるのはあたりまえ。だからこそ、次から次へと新しいものを創り続けなければ、自分のアーティストとしての価値がなくなるような謎の恐怖心があった。

それが、SHUNちゃんとのサプライズでのドーム公演、そしてTAKAHIROと大切なオリジナルメンバーとの沖縄公演で覚悟が決まった。

唐突だけれど、演歌歌手の方たちの気持ちが今はよくわかると思ったのだ。

僕はEXILEという、とんでもない速さで大きな変化を遂げていくグループにいて、その変化のたびに、次々と「新しさ」を表現しなければならなかった。

一方で、演歌歌手の方々は、ひとつの曲をずっと大切に歌い続けていらっしゃる。その表現は、当時の僕らとは、真逆の方法だったわけだ。

歌うのは僕たち歌手だけれど、聴く人がいなかったらその曲が存在する意味はない。

歌は歌手だけのものではない。

どんなに昔の曲であろうと、その曲を何千回、何万回と歌ってきたとしても、ライブで聴きたいというお客さんがいる限り歌い続けるのも、歌手の大切な仕事なのだ。

ひとつの曲を創ったらそれで終わりではない。

歌い続けることで、その曲に思い出を重ねてくださるすべての方たちとともに、育て上げていくものでもある。

歌手にはそういう責任もある。

そういうことを、最近強く感じるようになった。

ヒットチャートの世界だけでは測れない、素晴らしい音楽や価値のある世界があることを、海外留学などさまざまな経験から知ったのだ。

未来と過去は、今の僕を結び目として、ひとつにつながっている。

今の自分を育ててくれたのは、すべて過去に起きたことなのだ。

その意味では、あの精神崩壊の時期も単に過ぎ去った過去ではなく、今の自分を形作る大切な記憶でもある。

それは僕に大切なことを教えてくれるための、何者かからのサインだったのかもしれない。

そのことを謙虚に受けいれ、次のフェイズに移ろうと思う。


最近、またピアノの練習を始めた。

子どもの頃からピアノを習っていたし、ＥＸＩＬＥのメンバーとなったあとはライブで弾くために練習もした。けれど今回は、基礎理論から徹底的にピアノ演奏を学んでいる。

いつの日かライブを最初から最後まですべて、自分一人のピアノの弾き語り一本で成立させてみたい。それはバンドメンバーが必要ないとか、そういう意味ではなくて、僕とピアノとファンの皆さんだけでコンサートをしたら、どんな音楽を鳴らすことができて、そこがどんな空間になるのか、一緒に味わってみたいから。

1曲だけでなく、ひとつのライブのすべての曲を自分で演奏できるようになりたい。人前でやるからには、単に演奏するだけではなく、聴く人を感動させられるだけの技術も必要になってくる。

何人ものミュージシャンの演奏に合わせて歌うのも楽しいけれど、自分のピアノで歌うということはすべてのタイミングを自分で決められるということで、それはボーカリストにとっては夢のような音楽の世界なのだ。

ピアニストでない僕が、そこまで弾けるようになるにはまだたくさんのハードルがある。でも50歳になるまでの10年間で、それをやり遂げるつもりだ。

それが、40歳になって次のフェイズに移ろうとしている僕のひとつの目標だ。

海外で大々的に活動を始めるとか、もっと大きな計画も（というか今は野望でしかないけど）あるのだけれど、それはこれからの僕の活動で明らかになっていくはずだ。

そして、そういうことのすべてを通して、僕は未来へと矢を放つ。

過去の自分を大切にしながら。

そしていつか、流行り廃《すた》りに左右されない、何十年も、もしかしたら何百年も歌い継がれていくような曲に出逢えることを夢見ながら……。

僕の歌が、10年先20年先、いやさらにもっと遠い未来のたった一人の心でも動かすことができたら、こんなに素敵なことはない。

僕は遠い未来にまで、小さくとも愛を残そうとしている。

天雫《あましずく》

天から滴《したた》る雫は、時に悲しみの涙のように冷たく、また時に恵みの雨のように温かく僕らを潤《うるお》してくれる……。


この雫をどう受け止めるか。

この雫に打たれるか。

この雫に濡れないように雨宿りをするのか。


僕らは常にその判断を迫られている。

少し前、心の中にふと「天雫」という言葉が浮かんだ。

浮かんだというより、ぽつりと天から落ちてきたと言った方がいいかもしれない。

もしかしたら、僕に起きたすべてのこと、特にここまで書き続けてきた辛い経験は、天から降ってきた、雨の雫のようなものだったのかもしれないと思ったのだ。

雨の日は心が塞ぐ。

天気予報で何日も雨が続くと知ると、憂鬱な気持ちになる。

けれどその雨は、大地を潤し、草木を育てる天からの恵みでもある。

その雨によって、地上のすべての生き物は命をつないでいる。

太陽の光と、雨の雫。

僕たちは、そのどちらも必要としている。

人間の経験も、そういうものだと思う。

楽しいことも、苦しいことも。

幸せも、不幸も。

人が成長するには欠かせない、かけがえのない経験なのだ。

とはいえ、僕らはできる限り辛い経験を避けようとする。

雨が降ったら傘をさしたり、雨宿りをしたりするように。

それはそれでいいと思う。

もちろん、時には、傘をささずに雨の中を歩くのも悪くない。

雨の雫を肌で受けることでしか、理解できないこともある。

僕たちはいつも、そのどちらを選ぶのか、判断をしなくちゃいけない。

雨に濡れることそのものより、その判断の方が辛かったりする。

けれど、それが生きるということだと思う。

どちらが間違いということではない。

大切なのは、どんなときでも、雨宿りをして雨をやり過ごすときでも、土砂降りの雨の中を歩き続けなきゃいけないときでも、その雨が大地を潤しているのだと信じることだ。

全身ずぶ濡れで、寒さに震えているときには、そんなことを思う余裕はないかもしれない。

僕自身がそうだったから、それは身に染みてよくわかる。

けれどそれでも、心の片隅ででも、信じ続けることだ。

この雨は自分を育ててくれているのだと。

雨がいつまでも降り続くことはない。

あらゆる失敗も不幸も、人生を豊かにする糧になる。

生きてさえいれば。

アリーナクラスのステージに立ったことのあるアーティストなら誰でも、たとえば約2万人の人間から放たれるエネルギーがどれほど膨大かを肌身で知っている。

2万人の観客——言葉で言うのは簡単だけど、それだけではほとんど何も説明したことにはならない。

2万人の人が発する熱気が、その視線が、そこから湧き上がる地響きのような歓声が、僕らをどれだけ鼓舞してくれているか、どれだけの勇気を与えてくれていることか。

だからこそ……2万人という数を聞いて、僕は慄然とする。

2019年の日本全国の自殺者の数だ。

それぞれに愛する家族がいて、友人がいて、恋人や、あるいは夫や妻や、子どもだっているかもしれない2万人もの人が——毎年、自らその命を絶っているという。

そのことを思うと、いてもたってもいられなくなる。

自分に何ができるわけでもないことはわかっているけれど、それでも何かをしなければという気持ちに苛まれる。

人は誰しもいつかは死ぬ。

遠い未来の話とは限らない。
今笑っている人が、明日の朝には死んでいるかもしれない。
どんなに若くても、どんなに健康でも、身体を鍛えていても——。
誰にとっても、他人事ではない。
今この本を読んでいるあなたにも、そしてもちろんこの僕にも。
生きている限り、死という宿命からは逃れられない。
命のそばには、いつも死が潜んでいる。
最近よくそのことを考える。
毎日を夢中でもがいていたときには遠い未来と思っていた40歳に、僕はなった。
ＥＸＩＬＥが誕生した年から数えても、20年という歳月が過ぎようとしている。
生きることは、死へ向かって歩くことだ。
だからこそ、今というかけがえのない瞬間を大切にしたい。
自分の全身全霊でこの命をまっとうしたい。
心からそう思うようになった。
いつも、そのことを胸に生きている。

そんな自分が、死にたいと思ったことがある。

それがこの本を書き始めた、そもそもの動機だった。

正確に言うなら、その一歩手前まで行ったということなのだけれど。

この本をここまで読んでくださった方は、もうそれを理解してくださっていると思う。

「自分のこの苦しさから逃れるには、死ぬしかない」

「こんなに苦しいことが続くなら、残された選択肢はそれしかないんじゃないか」

僕はそこまで思い詰めた。

死を考えた人がなぜ人に相談できないのか、ここでハッキリと言えることがある。それはきっと返ってくる言葉がわかり切っているからだ。

「そんなこと言わずにさ……きっとイイことがあるから。考え直しなよ」

僕が逆の立場でも、きっと同じような言葉しか返せない。

だけど、他人にどんなに生きることの喜びを説かれたところで、死んでしまいたいという気持ちを止めることはできない。

命が大切だなんてことは、もちろん死を選ぶ人たちだってわかっている。

わかった上で、自らの命を絶つしかないと思い込む。

自分がそういう気持ちになって、僕は初めてそのことを理解した。

そこまで追い詰められている人が、この世界には少なからず存在する。

2万人の死の理由は、2万通りあるに違いない。

その理由がなんであれ、彼らの心の中で何が起きていたのか、僕には少しわかる気がした。


逃げれば救われることがわかっていても、どうしても逃げることができない。

逃げるよりも死ぬ方が楽だと錯覚する。狭いトンネルに迷い込んだみたいに、思い込みが強くなり過ぎて視界が狭くなって、その選択肢しか見えなくなる。

理屈には合わないけれど、そういうことが時として起きるのだ。

今の世の中は、「逃げる」ことがとても難しくなっているから。

逃げさえすれば、助かる命がたくさんあるはずなのに。

それを許さない空気が、この社会に蔓延《まんえん》しつつある。

2万の死の少なくとも幾分かは、その空気のせいではないか。

僕にはそういう気がしてならない。

苦しんでいる人に、頑張れと声をかける人はたくさんいる。

けれど「逃げてもいいんだよ」「頑張らなくてもいいんだよ」と言う人は少ない。

「人生から逃げるな」「根性を見せろ」「もっと頑張れ」……

励ますのは簡単だ。

けれどそう言って励ました相手が、逃げ出せなくて死んでしまったらいったいどうするのだろう。どんな気持ちになるのか。

「弱かったから、死んでしまったのは仕方がない」「死んでしまったのは自己責任だ」とでも言うのだろうか。

冗談じゃない。

頑張るのは悪いことじゃない。

けれど頑張っても駄目なら、逃げるしかない。

いや、逃げなきゃいけない。

死ぬくらいなら、逃げ出すしかない。

生きるために、逃げるのだ――。

もちろん、わかっている。

逃げるには、勇気が必要だ。

僕も長い間、その勇気を振り絞ることができなかった。

そして、追い詰められた。

正直に告白すれば、あまり書きたくなかった話ばかりだ。

なにしろ僕は逃げ出したのだから。

けれど、もしかしたら僕の話を読んで救われる人がいるかもしれない。

たとえそれが、この世にたった一人だとしても……。

今この瞬間にも苦しんでいるその人が、生きる喜びを取り戻す手助けをしたい。

誰か一人の命でも救われれば、この本を書いた意味があると信じている。


ＨＳＰのせいか、僕は時に気難しい性格だとか言われてしまうけれど、その過敏な感覚のおかげで、もしかしたら他の人より何倍も美しい朝焼けを見ているのかもしれないと思えば悪いことばかりじゃない。

僕が聞いているのは、他の人の耳に届いているより何倍も繊細で美しい音なのかもしれない。

それは確かめる方法のないことだけれど。

そして、色や音の美しさもそうだけれど、僕の心をいちばん動かすのは、心の美しさだ。

それがどんなものであれ、愛や優しさに触れたとき、僕はそれをどうしても誰かに伝えたくなる。

世界はこんなにも美しいということを。
そういう世界を僕が愛しているということを。
考えてみれば、その気持ちを伝えるために僕は歌い始めたのかもしれない。
その歌で、僕は世界をもっと美しい場所に変えたい。
そのために僕は、この新しい一歩を踏み出す。
歌は、僕の祈りなのだ――。

『輪廻』　作詞・作曲／ＥＸＩＬＥ ＡＴＳＵＳＨＩ

雪解けの水が 終わりを告げ
このまま幸せな日が続くように
祈ってる

ただ命の息吹きを感じ

花が咲き 蝉が鳴く
生い茂った葉が 色を変えて
大地へと落ちてゆく

生きてる意味さえも
知らないままに
目を閉じて振り返る
二度と戻らないこの物語を…

夜明けの香りと 目覚めの音
命が優しく燈る
朝焼けとぬくもりと…

ただ呼吸をしているだけで
穏やかで 愛しくて
日が暮れはじめた街の中で

あの人へ想いを馳せる

生きていて良かったと
思えることが
幸せと呼べるはず
二度と戻らないこの旅路の中…

生きてる意味さえも
知らないままに
目を閉じて振り返る
二度と戻らないこの物語を…
愛の意味を…

おわりに

２０２０年という節目の年に、世界がこんなことになるなんて夢にも思わなかった。

そして、よりによってそんなときに、ＥＸＩＬＥを卒業するという大きな決断を下すことになるとは……。

けれど、よく考えてみれば、もしかしてこれはそうなるべくしてなったのかもしれないとも思うのだ。この何年かの間に僕の心と身体に起きたさまざまなことはすべて、僕がこの「未来」にあらかじめ備えるようにと何者かが送ってくれたサインだったのではないか、と。

新型コロナウイルスの感染が広がったことは、ほんとうに悲しいことだ。

それを喜ぶ気持ちなんてもちろん、一欠片も持ち合わせてはいない。

けれど、この世に起きるあらゆることには意味があって、そこから学ぶべきことがたくさんあるはずだ。

僕にとっての学びとは何よりも、命の大切さと尊さ、そして儚さだ。今この瞬間を生きることの大切さと言ってもいい。

そのことを、僕はずっと伝え続けてきた。

あるいは歌うことで、そのメッセージを皆さんに届けてきた。

今という瞬間の大切さを、他の人より少しだけ強く感じるのは、僕がライブのステージに立ち続けていたからなのかもしれない。

ファンの方たちの大歓声に包まれてステージに立っているとき、僕は生きてこの世にあることの、喜びのすべてを感じている。あんなに幸せな瞬間はない。

けれどその喜びの絶頂は、ライブの終了とともに鋭利な刃物で切り落とされたようにバッサリと打ち切られる。

どんな物事にも終わりが来ることを、生と死はひとつながりであることを、いつも骨身に染みて感じていたのだ。

今はまだ、昔のような盛大なライブが、いつできるようになるかわからない。

もう永遠にできなくなってしまう可能性だってないわけじゃない。

もちろんそんなこと1ミリも望んではいないし、悲し過ぎることではあるけれど、万が一そんな事態になったとしても、僕には後悔する気持ちはない。

なぜなら、今までのすべてのライブに、僕はいつもこれが最後かもしれないと思いながら、全身全霊で打ち込んできたからだ。

そのことだけは、絶対の自信を持っている。

そういう生き方ができるのには、ひとつ理由がある。

僕には合気道など、いくつかの古武道を習っていた経験がある。

「真剣にやる」というのは、あの刀の真剣と同じ字を書く。

僕はその真剣の稽古で一度だけ、刀を落としてしまったことがある。もし足の上に落ちていたら、指の一本でも切り落としていたかもしれない。これが正に〝真剣〟の意味なのだと身をもって教えられた。

合気道には、相手の氣を読みとる稽古がある。

その稽古に臨むとき、師匠にこう言われた。

「気配を読み取れなかったら、明日家族が殺されるということを想像して集中してください」

僕がライブの前に頭を下げるのは、ある意味ではそれと同じ精神なのだ。

そこに来てくださっている、すべての皆さんに感謝し、そしてこれが最後のステージになっても後悔しないと覚悟する。

頭を下げるのは、自分の首、すなわち命を相手に差し出す行為だ。

それが頭を下げる意味であり、相手を心から信用している証であり、僕はいつも命を捧げるつもりでステージに上がっている。

これからも、そういう僕の生き方は変わらない。

〝見守る〟という言葉がある。

合気道の世界では、愛の気持ちで見守ると氣が高まるという。

まだ誰かに見守られている限りは、愛されている証拠じゃないか。

僕をいつも見守ってくださるのは、ファンの皆さんであり、そういう皆さんがいてくださるからこそ、僕はステージに命を懸けることができる。


この本を最後まで読んでくださったあなたも、間違いなくその一人なのだと思います。

僕の拙い文章を、最後までお読みくださったことに心から感謝します。


願わくば、この本を書いたことが、誰かにとっての救いになりますように。

どれだけ分け合ってもなくならないロウソクの火のように、誰かを想う優しさが、少しずつ広がっていきますように……。

2020年9月27日

EXILE ATSUSHI

手紙

TAKAHIRO《タカヒロ》へ

〝キラキラ笑顔の天才愛されクレイジースパイダー小杉さん〟

ＴＡＫＡＨＩＲＯへの想いは、ここではちょっと語りきれないから……。
でも、ただただオレが今ここで伝えなきゃいけないのは、
ダメな先輩でごめんな……。
未熟な人間でごめんな……。
そしていつもたくさん理解してくれて、本当にありがとな……。

言葉にできるのはこのくらいかな。
これからも仲良くしていたいし、ＴＡＫＡＨＩＲＯさえよかったら、これからもこんなオレをよろしくお願いします。

AKIRA《アキラ》へ

〝名実ともにアジアのスーパースターラルフローレン静岡サッカーおじさん〟

ここで打ち明けるのはどうかと思うけど……。アキラはEXILE一《いち》スピリチュアルな人間だと思う。15年近く前、オレの彼女の家でベロベロに酔っ払って、テレビのリモコンを壁に投げつけ暴れ出したアキラをヘッドロックして押さえつけて、そのあと泣きながら現状への悔しさをずっと口にして、朝日が昇るまでず〜っと泣いてるアキラを抱きしめてたあの夜を、オレは一生忘れないと思う。

きっと見たくないものまで見えてたのかもしれないって、ずっと思ってたよ。

あのLAのベニスビーチで、大道芸人に5ドル渡してバトルしてきました、って言ってたアキラを見て、「こいつスゲ〜けど、大丈夫かな？」って思ったのを覚えてる（爆笑）。ダンサーじゃなくて、大道芸人にバトル申し込んだの？　って（笑）。

そのアキラが、ハリウッドのラルフローレンの看板にデカデカとモデルとして出ているのを見て、心から誇らしかった。ちょいと兄さん、すご過ぎないかい？

今度ジャック・ジョンソン聴きながら、一緒に、山の良さについて語ろう。

アキラ……ジャック・ジョンソンってハワイ出身だよ（爆笑）!! 海派やん（笑）!!

NESMITH《ネス》へ
“猫ミス”

初めて出会ったのは、ネスがまだ16歳のときか。

アサヤンのとき、熊本の若者で歌の上手い子がいるもんだなぁって感心してたけど、それから思うようには上手くいかないこともたくさんあっただろうな。まさか将来、同じグループになるなんて想像もしなかったよな。あのオーディションで別々の道を歩くことになったときは……。

運命というのは不思議なもので、思わぬところで交わることがあるんだなって思わされた。

EXILEに入る前にも、ネスのソロの曲をオレがプロデュースさせてもらったり、なんだかんだでご縁があるんだよな。

ネスが長いトンネルの中にいるときに、長野に一緒に行って語り合って、小さな光を見つけたときに、ネスが流した涙は一生忘れないよ。なんか少しだけ力になれたのかなって。まだまだ頑張らないといけないんだし、いつでもなんでも言ってこいよ。まだまだ未完成な、未熟な先輩だけどさ。ネスのトンネルの出口は、きっとあるよ。いや、オレなら少しはそっちの方向に導ける自信あるぞ。

また話そ……。

SHOKICHI《ショウキチ》へ

“天然どさんこ激アツ熱血コマドック喩えコメントプロコンポーザー”

ショウキチとは２０１２年にオレのソロの全国ホールツアー「命をうたう」を一緒に回ったのを思い出すなぁ。なんか、楽しかったよな。いろんなとこ行ってさ、リハしてさ、毎公演最後のフェイクの掛け合いのところで発見があったりしてさ……。

ショウキチはＥＸＩＬＥでいちばん素直で、天然かもな。

いつも全体のバランス考えて、そんなカッコいい顔してるのに、「オレはATSUSHIさんみたいには歌えないし、TAKAHIROくんみたいにカッコよくないし……」って。それで自分なりに悩んで悩んで、アーティストであるのと同時にコンポーザーとしてもやっていくと決めて、今の道を歩いてるんだもんな。だからこそ実現したソロのアリーナツアー、ホントおめでとうだよ。感動したよ。

ショウキチはスタジオが大好きなのがわかるし、そのスタジオに入ってる自分に一生酔えるタイプだもんな（笑）。

今もスタジオにいるとき、ベロベロでしょ？　いい意味で（笑）。あ、お酒じゃないですよ？自分に酔えるという意味で（笑）。

それが数々の楽曲を生み出していると思うし、これからもショウキチの作品を楽しみにしているよ。またオレにもショウキチの曲、歌わせてくれな。

『愛のために～ for love, for a child ～』最高な曲だよ。

最近オレがおじさんになったから、あんまりかまってくれなくなったけど……。あ、自宅のバーベキューまだ呼ばれてないんですけどぉ～！！！

お誘いお待ちしております（笑）。

またいつか一緒にツアー回ろうぜ。楽しかったな……。

橘ケンチ《ケンチ》へ

〝和風ニーハオミスターストイックマジメ日本酒おじさん〟

あなたほどマジメな人は、ボクの人生であまり出会ったことがありません。あ、数人はいるかな……。留学もせずに英語も中国語も話せるようになる人なんてこの世にいます？　事務所の会議室での勉強と、家でも相当勉強したんだろうなぁ。そのくらいマジメなのに、たまにするLINEでのギャグのやり取りが楽しいよね。

今年、ライブが全部中止になったりして、ケンチが急に、「ATSUSHIくんのバックでもう一回踊りたいです。EXILEで踊ってるときのお客さんの笑顔が大好きです」って言ってくれたとき、なんて嬉しい言葉を言ってくれるんだろうって思ったよ。なんか、今回の件、ごめん。でも一生できないわけじゃないし、またいつか踊ってよ。オレの後ろで。オレの横で。

ワンちゃん元気？
最近、大ノッテンさん履いてますか？（笑）
ボクは中ノッテンさんをちょくちょく履いてます。
またクリスマス会やろうね。

黒木啓司《ケイジ》へ

〝天才的不器用度直球直角九州男児飲み友達〟

ケイジとはいちばん一緒に飲んだかな。福岡公演のあとに、ケイジは仕事やナインワールズの用事でもう一泊したりしてるんだろうけど、オレも必ずこっそり延泊して、ケイジと毎回飲めるのを楽しみにしてたよ。ナインワールズ、何かあれば手伝うから言ってよ。福岡の美味しいところおごってくれたら、なんでもやるからさ（笑）。まぁ、それは冗談として……。
想いは熱く、誰よりも考えてるのに、いつも勘違いされちゃうんだよな、ケイジは。それで〝オレもういいや……〟ってなっちゃうんだよね。メンバーのみなさん、このオレの文章を読んでやってくれ!! ケイジはメチャメチャ考えてるから。この不器用さん（笑）!! 今後はオレも、外から冷静に見られる先輩としてケイジの不器用な気持ちを伝えるのを手伝います。あ、歳は一個下ですが……ケイジ先輩スミマセン。芸歴で先輩ぶってスミマセン。ケイジ先輩、また445やろうよ（笑）。
いつもありがと。

TETSUYA《テツヤ》へ

〝アメージングロッキンコーヒーフィジカル先生〟

EXILE TRIBEの中で唯一の同じ歳。なんかさ、事あることにさぁ、当時のKJIMAとかでよく語ったよね。
表参道の小さいスタジオで誰かさんが酔っぱらってわけわからん行動して、珍しくキレてるテツヤを見て、「こいつホントはめっちゃ熱いヤツなんだな」って感心したの憶えてるよ。Eダンスアカデミーもスゴいし、大学の教授？ 先生になっちゃうし、今度は高校の学長!? すご過ぎ……（笑）。アメコもいつもありがとう。

これを読んでくださっている読者のみなさん!!　楽屋に3種類のコーヒーを毎回差し入れしてくれる上に、カフェインが苦手なボクのためにノンカフェインのコーヒーを用意してくれるんですよ、テッちゃんは（笑）。あ、オレのためじゃないか……。またタメ歳飲みしようよ、たまには。

みなさぁ～ん、あと、テッちゃんは意外に毒舌で、たまにドSです。まぁ、カッコいいから許されるし、それがたまらんのだろうなぁ、女子は。

はいっ!!　この辺でロマンチック五七五!!　卒業するあつしくんのためにお願いします!!

本を読んだらインスタにあげといて（笑）!!　楽しみにしてるから!!

あ、タクシー話忘れてた（笑）。

NAOTO《ナオト》へ

〝ファッションマスターベビーフェイススーパー器用SEVENおじさん〟

みなさぁ〜ん!! ナオトは若く見えますが、もう30代後半に差し掛かってますよ〜(笑)。

ナオトとはよく話した気がする。なんか、二階のAスタで最後に偶然二人きりになったり、あ、RIEちゃんもいたりとかして語った覚えがある。つよしさんとかと飲みに行ったり。とにかく『焼酎トレイン』でも話したけど、酒の飲み方のテンションが近くて、飲んでて波長が合うんだよね。なんか心地いいんだよなぁ。テンション上がり過ぎるわけでもなく、下がるわけでもなく、楽しい話とマジメな語りのバランスが絶妙なんだよね。まぁ、それもきっとナオトがオレに合わせてくれてたんだろうけど。いろいろ器用だから表には出さないけど、ナオトなりに苦労してるのはめっちゃ伝わってくるわぁ。

モニタリングですっかり芸能人だね(笑)。ナオトに関しては器用だし、人づき合いもよく、気も利くし、いじられても返しが上手いし、あんまり心配してないわ、ぶっちゃけ(笑)。でもなんか息が詰まったりしたら、連絡しておいでよ。あの感じでまた飲もうよ。騒ぐでもなく落ちるでもなく。

いつもSEVENの洋服ありがとう（笑）。

若者のファッションについていけてないおじさんにとっては助かる以外の何モノでもないです。ナオトが作ってるものが今いちばん流行ってるものって思い込んでますので。

『焼酎トレイン』の準レギュラーの座が危ないので、近々出演よろしくお願いいたします（笑）。

ステキな人と出逢えますように……（笑）。

小林直己《ナオキ》へ

“首ふとクランプ侍キャラ変さわやか腹筋哲学兄さん”

ナオキとはいちばん、EXILEの精神論について語ったかな。本編にも書いたけど、留学前にオレがTAKAHIROと軽く揉《も》めたとき、EXILEが終わっちゃうんじゃないかって心配して、ハワイまで一泊で追いかけてきてくれたこと、一生忘れないよ。あのときのナオキの気合いと、EXILEに対する想いに感動した。いや、オレに対する愛も感じたかな。

飛行機乗って、着いてそのまま朝まで飲んで語って、そのまま寝ないで飛行機に乗って帰ったもんな。実質０泊やん（笑）、すげ〜よオマエ。

生意気なときもあるけど、それがナオキの正直でイイところなのかもしれないよな。もうあのことは気にしてないから、ナオキも気にすんなよ。ただ、たまに哲学的過ぎて周りを置いていってるときがあるから、そこは気をつけた方がイイよ（笑）。もう少し感覚とか直感とかで生きるときがあってもイイんじゃないかな。肩の力を抜いてな。

また語り飲みしような。

岩田剛典《ガンちゃん》へ

〝超エリートキュートクランプクールモテおとこ〟

ガンちゃん、怒ってる……？

クールだから、たまに、オレ嫌われてるのかなって思うときあるよ。気にし過ぎか（笑）？

生まれ変わるならどのメンバーになりたいですかって、よくある質問だけど、ガンちゃんくらいモテてみたいですって、毎回言ってます（笑）。

実はナオトとガンちゃんと３人で、何回か飯に行ったんだよね。繋がりのなさそうな、意外で不思議な３人なんだよね～（↑これ自慢です）。ガンちゃんほどカッコいい人がマジメで頭よかったら、誰も太刀打ちできないじゃないですか。

よく都市伝説とか宇宙のことについてとか語ったよね。なんかあの『ＳＴＡＲ ＯＦ ＷＩＳＨ』のアルバム地方キャンペーンのときの空き時間に、みんなでダラダラ話したのがめっちゃ印象に残ってるなぁ。今まででいちばん長い時間一緒にいたからだろうなぁ、きっと。

また語りませんか？　ちょっとカッコよ過ぎて誘うの気ぃ使いますが……。先輩、勇気出します（笑）。

白濱亜嵐《アラン》へ

“愛媛が生んだスーパースターへっちゃらイケメンいいヤツラブリ”

アランはスゴい。自分のイケメンさを知っていながら、それを敢えて武器に使わずに、いろんなこと考えて生きてるよな。喩えるならば、機関銃を持ってるのに、ずぅ〜っと小石投げてる感じ（笑）。それが可愛いんだよぉ。アランが笑うと世界は明るくなる、ってちょっと思えるかも。TAKAHIROとアランの笑顔をならべて光量測ったら、LEDに勝つんじゃないかな、たぶん（笑）。

劇団EXILEからのし上がってきて、ジェネ、EXILEまで辿り着いちゃったんだもんな。君はスゴい才能の持ち主だよ。たまに抜けてるところあるから、そこだけ気をつけて（笑）。まぁ、それがまた天然っぽいアランの良さなんだけどね。

10年くらい前の新年会で、怒っちゃってごめんな。いや、アランが酔っ払って「下まで送ります！」ってしつこくて、「オマエも有名人なんだから、ここでいいよ」って言ってるのに、「いや行きます‼」ってしつこくて、「だからここでいいって言ってんだろ‼」ってシュンとさせちゃったよな。

今思えば、ATSUSHIさんともう少しエレベーターの時間だけでも一緒にいたかったたんだよな、きっと。いや絶対に（笑）。

違うんだよ。君はもう有名人だったからね。それはさせられないって思ったんだ。

今度お詫びに、うま飯おごるから許してください。寿司でいい？　焼肉？　ＬＩＮＥでもインスタのＤＭでも返事待ってます（笑）。

関口メンディー《メンディー》へ

〝スポ男Ｎｏ．１マック根クラ音痴うメンディーさん〟

「ボクＡＴＳＵＳＨＩさんがただワガママ言ってるだけだとずっと思ってました……」

かりちゃんの結婚祝いしたとき、小さなバーでオレに照れ臭そうに、少しだけ申し訳なさそうにそう言ってくれたことをずっと憶えてるよ。メンディー、ちゃんとこの本を３回読みなさい（笑）‼　もしかしたら、あのときが、オレたちが初めてわかり合えた瞬間だったのかもな。

もちろんオレだけじゃなく、みんなもそれぞれに悩んで苦労しているのもわかってるし、この本はただオレに見えている世界を、オレの主観で書かせてもらっただけなわけだけど……。

みなさぁ～ん‼　今からメンディーの営業妨害しますよ～‼　実は根クラですよ～（笑）。

メンディーとTAKAHIROの意味不明な英語での会話好きです（笑）。またやって～。

たまには飲みに行こうな。

世界《セカイ》へ

〝世界の世界〟


オマエのあの日の言葉、オレは一生忘れないよ。

オレにとって最後のEXILEのライブになってしまった、あの日。中止になった京セラ最終日。

みんながどうしようかと話しているときに、なかなか意見がまとまらなくて、そこで世界が一言、口を開いたんだよな。

「自分は配信だけでもやってるEXILE観たいっすけどね……」

正直、社会も芸能界も、会社のことも、まだまだわかってないと思う。でもなぁ世界、それでいいんだよ。

最後はお客さんが観たいと思えるEXILEかどうかなんだよな。こっちの事情なんてカンケーねーんだよ。人は迷ったとき、最後は知識じゃなくて、情熱だよ。自分の信念を貫き通すしかないんだよな。誰に何を言われたって、曲げちゃいけないときってあるんだよ、きっと。

でもオレは一つだけ決めてることがあるんだ。HIROさんが助言してくださったことは聞くようにしてる。だって、あんなに相手の立場に立って考えてくださる人はなかなかいないからな。

自分の意見がHIROさんと真逆のときは、それはそれで正直にちゃんと伝えるようにしてる。そしたら、汲み取ってくれたり、間をとったいいアイデアをくれたり、それで結果的に最高にいい落とし所にストンとハマったことが何度もある。最強なのは正直×正直なのかもな。

さっきは分かってないなんて言ったけど、いちばん冷静に俯瞰でLDHを見てるのは世界かもな。ダンス一本でやってきてるからこそ見える世界があるはず。飲んだときに寝ちゃう世界がかわいいわ。またファンタ会やろう。みんなの成長した話を聞くのを楽しみにしてるよ。

佐藤大樹《タイキ》へ

〝頼りがいキラキラ笑顔ドキドキ時々失礼しっかり末っ子オカリナ先生〟

大樹かわいいわぁ（笑）。

いちばん年下なんだけど、先輩パフォーマーはみんな大樹に振り付け教わるんだよな。「大樹〜、あそこの振りってどんなだっけぇ？」って言う先輩に振り付けを教えてあげる大樹を見ると、なんかホッコリするわ。ちょっと嬉しそうに、誇らしそうに、待ってましたと言わんばかりに、真剣に先輩に振り付け教えてるあの姿なぁ。

誰よりもEXILEファンでいてくれて、昔の振り付けもほとんど憶えてるんだよな。感心するとともに、オレも歳とったなぁって思う（笑）。

EXILE男前ランキング、まだオレが何位かは聞いてないけど……？

大樹がビビって言えないのわかってるし、オレも傷つきたくないからちゃんと聞いてないけど、もうそろそろ聞く覚悟できたわ。SNSで発表しといて。

「EXILEメンバー男前ランキング‼　ATSUSHIさんは、第◎位です‼」みたいな感じで。順位によっては、ぶっ飛ばすから。ウソです（笑）。

もうたいていわきまえてますから、この歳にもなれば。

別にいいし‼　人の好みは人それぞれですから‼（笑）

あの日、世界が「自分は配信だけでもやってるEXILE観たいっすけどね……」と言ったとき、横でうなずいてた大樹を、オレは見てたからな。

あの場で、いちばん年下の大樹が、やりましょうよ‼　なんて言いづらいよな。

あのときの気持ちを忘れずにな。

ファンタも頑張れよ。ありがとう。

松本利夫《まつ》ちゃんへ

〝意外と情報屋まつぼっちホームパーティー努力家ドSとしお兄さん〟

いやぁ、ここからお三方との思い出は語り切れないほど無限にあるけど、書き切れる範囲で……。

京都で『MATSUぼっち』を観にいったとき、まっちゃんが『Choo Choo TRAIN』をサックスで吹いていたのを観て、涙があふれたことを憶えています。パフォーマーを勇退されても、そうやってEXILEの魂を表現してくださっているんだなぁと思ったら、急に涙が出てきて……。お三方の中ではまっちゃんがリーダーなのかなって勝手に思ってます。ボクらが過ごした第一章からの日々は、本当に本当に大切な宝物です。『cross』の頃、a-nationで富山からの帰りに、倖田來未ちゃん、BoAちゃんとかみんなでバスに乗って東京に戻って、『THE夜もヒッパレ』に出て、そのまま寝ずに静岡の方まで行ったのを覚えてますか？　マジキツかったっすよね（笑）。

夜のロスの駐車場は危険なので絶対に気をつけてください（笑）。
これからも大切な大切な家族として、まだまだだらしない末っ子ですが、よろしくお願いいたします。

またホームパーティー呼んでください。
そして家庭の素晴らしさを僕に見せつけて、教えてください。
まっちゃん、いつもありがとう。

ÜSA《うつ》さんへ

〝ハッピーラフーフーダンスラスタクリクリ平和主義社会貢献旅人兄さん〟


いつもボクに寄り添って支えてくださって、本当にありがとうございます。

うっさん、あの日のことは本当にごめんなさい。どうか許してください。一生反省します（笑）。

ＫＩＪＩＭＡでの余計な発言のこと……もう二度としませんので!!

うっさんの社会貢献活動の意味をボクはとても理解していますし、共感しています。一緒に海に行ったり、ダンスアースビレッジも懐かしいなぁ……。

リハーサルで疲れてきたときに、考えてるフリして寝てたのがＨＩＲＯさんにバレて、まじ面白かったですね（笑）。

ヤベッ!! と思ったうっさんは、起きてましたよと言わんばかりに、かる〜く腹筋し始めるんですよね（笑）。

実はうっさんとはよく飲みましたね。

横浜まるちょんから、代官山1号店、代官山2号店、ずいぶんうさパパ、うさママにもお世話になりました。またお会いしたいなぁ。

あ、バンダナの柄とTシャツの文字にはお気をつけくださいとお伝えください（笑）。
テキーラはストライクゾーンが広くなるので、気をつけてくださいね!!
またうっさんとナッツ行きてぇなぁ〜。
うっさん、いつもありがとう。

MAKIDAI《マキ》さんへ

〝Mr．優男PKCZ親指ペットボトルDJ兄さん〟

いちばん優しくて、いちばんSHUNちゃんとボクに声をかけてくれていたのはマキさんだったかなぁ。おもしろくて、カッコよくて、平和主義で。
でも実はZIPの司会やっていたとき、本当に本当にマキさんが心配で、HIROさんや、まっちゃんとうっさんにも相談したりしていました。不運にもあの同じ時期に愛犬が亡くなっちゃったんですよね。あのときのマキさんはなんか、元気がなくて、辛そうで、悲しそうで、寂しそうで……どうすることもできなくてごめんなさい。

いつも四人でたまに開く食事会が、今ではボクのかけがえのない青春の同窓会です。後輩に優しく、先輩に筋を通し、家族を大切にするマキさんは、最高にステキです。また一緒に昔の話、バカ話しましょうね。

自転車で足をつかずに、そのまま斜めになっていって、手もつかないで顔面から転ぶマキさんが好きです（笑）。

沖縄でバスのドアに指を挟んで、ペットボトルの水に親指を突っ込んで、親指を立てるマキさんが好きです（笑）。

いつかEXILE第一章が復活することがあったり、ボクのステージにマキさんが出てくださる日があったら、アンコール用のTシャツのサイズSにしておきますね‼（爆笑）

マキさんいつもありがとう。

最後にHIRO《ヒロ》さんへ

HIROさんへの想いは永遠に書けてしまいそうなので、最小限に短く書きます。
ボクを拾ってくれて、ありがとうございます。
ワガママで、変わったヤツで、スミマセン。
いつもありがとうございます。
そして、これからもどうか、よろしくお願いいたします。
ご家族のみなさんと、いつまでも健康で元気でいてください。
ずっと、HIROさんの大きな背中を見ていたいです。
心から感謝しています。
本当にありがとうございます。

EXILE
ATSUSHI
40
forty

Break away from the past.
Reincarnate,
Stick to one's beliefs.

EXILE ATSUSHI プロフィール

1980年埼玉県生まれ。4歳からクラシックピアノを始める。2001年J Soul Brothersに加入し、EXILEと改名して「Your eyes only ～曖昧なぼくの輪郭～」でデビュー。11年『いつかきっと…』で、EXILE ATSUSHI名義でソロデビュー。国内外の有名アーティストとのコラボレーションや楽曲のプロデュースなど活動は多岐にわたる。14年には初のソロアリーナツアー「EXILE ATSUSHI LIVE TOUR 2014 "Music"」を行い、全国11都市24公演で約30万人を動員する。さらに「第56回 輝く！日本レコード大賞」で最優秀歌唱賞を受賞。16年にはソロアーティスト史上初となる6大ドームツアーを成功させる。EXILEデビュー20周年を目前に控え、40歳の節目を迎えた20年、約6年ぶりとなる記念碑的オリジナルソロアルバム「40 ～forty～」を発表。

本書は書き下ろしです。
NexTone　PB 000050704号

ブックデザイン　米谷テツヤ
カバーフォト　The Image Bank/Getty Images
構成協力　石川拓治

サイン

2020年11月10日　第1刷発行

著　者　EXILE ATSUSHI
発行人　見城 徹
編集人　菊地朱雅子
編集者　茅原秀行

発行所　株式会社 幻冬舎
　　　　〒151-0051東京都渋谷区千駄ヶ谷4-9-7

電話:03(5411)6211(編集)
　　03(5411)6222(営業)
振替:00120-8-767643
印刷・製本所:中央精版印刷株式会社

検印廃止

Printed in Japan
ISBN978-4-344-03705-2　C0095
幻冬舎ホームページアドレス　https://www.gentosha.co.jp/

この本に関するご意見・ご感想をメールでお寄せいただく場合は、
comment@gentosha.co.jpまで。